Don Bosco

Schau dich um in deiner Stadt,
schau, was sie zu bieten hat.
Platz zum Spielen, Forschen, Lachen,
tausend interessante Sachen.
Hektik, Lärm, Lebendigkeit,
macht sich in den Straßen breit,
in allen Winkeln, Kunst, Kultur,
zwischendrin sogar Natur.

Monika und Petra Bezdek

Monika und Petra Bezdek

Spielraum Stadt

Praxisideen und Spiele für Kindergruppen

Don Bosco

Die Autorinnen und der Verlag haben sich bemüht, die Inhaber der Rechte aller in diesem Band verwendeter Lieder und Verse zu ermitteln, doch ist dies leider nicht in allen Fällen gelungen. Die Inhaber oder Verwalter der Rechte werden gebeten, sich mit dem Verlag in Verbindung zu setzen.

Bibliografische Information der Deutschen Nationalbibliothek

Die Deutsche Nationalbibliothek verzeichnet diese Publikation in der Deutschen Nationalbibliografie; detaillierte bibliografische Daten sind im Internet über http://dnb.ddb.de abrufbar.

1. Auflage 2007 / ISBN 978-3-7698-1611-2

Umschlag: Marion Wehrmann, nach einem Entwurf von Michael Brandel
Umschlagfoto: MEV
Fotos Innenteil: Eltern-Kind-Programm, Stockdorf, Katharina Hennecke, Jochen Fiebig, IFP, München (S. 66)
Illustrationen: Petra Bezdek
Notensatz: Nikolaus Veeser, Schallstadt
Lektorat: UNGER-KUNZ. Lektorat und Redaktionsbüro, Undorf
Produktion: Don Bosco Grafischer Betrieb, Ensdorf

Gedruckt auf umweltfreundlichem Papier

Inhalt

Die Stadt als Spielraum

Die Schönheiten einer Stadt, ihre vielfältigen Spiel- und Lernräume werden oft durch den ersten Eindruck überdeckt, der von Hektik, Lärm, Menschenmengen, Verkehr, Häuserfluchten, Straßengewirr, Arbeit, Geschäftigkeit und Schnelllebigkeit bestimmt wird. In diesem Spielebuch wollen wir die Stadt jedoch mit ihrer ganzen kulturellen Vielfalt, ihrer Tradition und ihrer Geschichte, den schönen Häusern, vielen Veranstaltungen, den Theatern, Konzerten und Treffpunkten entdecken.
Zu fragen ist aber auch: Wo finden wir in unseren Städten den Spiel-, Lebens- und Lernraum für die vielen Kinder, die hier leben? Wo finden wir Ruhe und Nischen – wo kann hier Kreativität und Experimentierfreude entstehen? Wie kann das Bewegen im Verkehr und in großen Menschenmengen mit dem Wunsch nach ausgelassenem Spiel und kindlicher Lebensfreude in Einklang gebracht werden?
Spiel- und Lernräume gibt es überall – in der Wohnung, in der Kita, im Hof, im Garten, im Park und am Spielplatz, in der Straße, auf kleinen Plätzen, in Verwaltungsgebäuden, im Museum usw. Spielen ist der Lebenszweck der Kinder, beim Spielen erfahren, erleben, lernen und entdecken sie. Sie probieren sich aus, sie entdecken andere Lebensformen, schnuppern in unbekannte Berufe und können später aus der ganzen Vielfalt des Erfahrenen und Gesehenen schöpfen. Gerade in der modernen Stadt sind diese Möglichkeiten besonders

groß, da wir hier viele Kunst- und Kulturangebote und viele unterschiedliche Berufsfelder wahrnehmen können. Die Kunst der Erzieherinnen und Erzieher ist es eher, das Angebot einzuschränken und kindgerecht, spielerisch aufzubereiten, damit die Kinder nicht von den ungefilterten Eindrücken überrollt werden, sondern die Angebote wirklich wahrnehmen, aufnehmen und verarbeiten können.
Wir wollen mit den vorliegenden Spielanregungen die Sinne der Kinder entwickeln und schärfen, ihre Kreativität und ihre Lernfreude wecken sowie ihre Selbstsicherheit stärken. Die Spiele im Buch sind dabei nach dem sich erweiternden Aktionsradius der Kinder gegliedert: beginnend im kleinen Umfeld von Wohnhaus und Kindertagesstätte, über die Straße des eigenen Viertels bis hin zur gesamten Stadt mit ihren Bauten, ihrer Infrastruktur und ihrem Verkehr. Aber auch das Wissen um und der Spaß an der Geschichte und Kultur einer Stadt sind ein wichtiger Bestandteil dieses Bandes.
Die Kinder sollen den Reichtum der Stadt erleben und ausschöpfen, aber auch lernen, das, was ihnen zu viel ist, herauszufiltern und sich auf das für sie Wesentliche zu konzentrieren.

Ich hab ein Haus ...

Nach dem eigenen Körper und der Bekleidung stellt das Haus eine Art „dritte Haut“ für uns Menschen dar. Es ist ein Rückzugsraum, der individuell gestaltet werden kann, ein Raum zum Wohlfühlen, ein Raum, der nach verschiedenen Funktionen aufgeteilt wird, ein Raum, der seiner Bestimmung entsprechend gebaut und ausgerüstet wird. Für Kinder ist dieser Schutzraum besonders wichtig. Sie bauen sich gerne kuschelige Höhlen, in denen sie Geborgenheit und Sicherheit spüren – für sie kann diese „dritte Haut“ also ruhig noch etwas enger sein. Unbewusst wiederholen sie dabei im Spiel die Entwicklung des Menschen vom steinzeitlichen Höhlenbewohner bis hin zum heutigen Großstadtbürger.

Wir stellen die Beschäftigung mit dem Haus

aber auch deshalb an den Anfang, weil die Häuser ja die „Bausteine“ einer Stadt sind. Im Folgenden geht es also um das Haus, in dem der Kindergarten ist, um das Elternhaus, das Haus der Großeltern, um Häuser früher und heute und auch um Häuser in anderen Ländern, besonders in denjenigen, aus denen vielleicht einige der Kinder in der Kindertagesstätte kommen.
Am Ausgangspunkt unserer Reise durch die Stadt aber steht das Gebäude, in dem sich die Gruppe gemeinsam aufhält: der Kindergarten.

Unser Haus – unser Kindergarten

Alle Kinder in der Kindertagesstätte und alle Erwachsenen kennen dieses Gebäude, aber was wissen sie wirklich darüber? Wie viele Wohnungen, Fenster, Türen usw. gibt es z. B. hier? Leben noch andere Menschen in dem Haus, in dem unser Kindergarten untergebracht ist – und wie viele sind es? Wenn wir uns mit diesem Haus auseinandersetzen, tauchen viele Fragen auf …

Betrachten, zählen und vermessen

Die erste Aufgabe besteht darin, das Gebäude, in dem sich der Kindergarten befindet, von außen und innen zu betrachten, zu berühren und zu vermessen. Jedes Haus sieht anders aus und stellt somit andere Aufgaben. Zu berücksichtigen sind dabei die einzelnen Stockwerke, der Garten und der Hof. Überprüft werden soll aber z. B. auch, ob das Haus allein steht oder Teil eines Häuserblocks ist, und vieles mehr.

Betrachten
Die Gruppe steht vor dem Haus, und die Kinder zählen auf, was sie alles daran entdecken können: Wände, Türen, Fenster, das Dach, den Kamin, eine Treppe …
Alles, was die Kinder sehen, stellen sie in kleinen Gruppen mit ihren Körpern nach: die vier Wände, ein Dach, eine Tür, durch die ein Kind hindurchgehen kann, ein Fenster zum rausschauen usw.

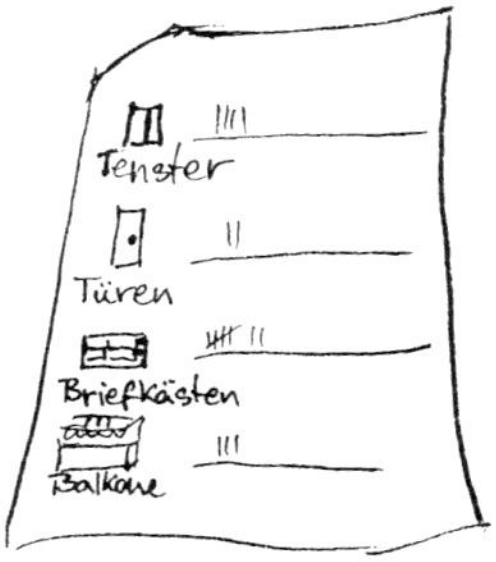

Zählen
Nun bekommen die Kinder die Aufgabe, in Kleingruppen alles zu zählen, was sie am Gebäude sehen. Wie viele Wände, Fenster, Türen, Balkone etc. kann man entdecken? Auf einem Blatt Papier wird dazu eine Strichliste gemacht und so spielerisch der Umgang mit Zahlen geübt. Vorschulkinder können vielleicht schon richtige Zahlen eintragen.

Messen
Anschließend wird der Kindergarten gründlich vermessen:

- Alle Kinder stellen sich eng nebeneinander an eine Wand des Hauses – wie viele Kinder passen insgesamt an die Wand? Dann nehmen sich alle an den Händen und strecken die Arme aus – wie viele sind es jetzt noch?
- Wie oft müssen wir die Füße voreinander setzen (im sog. „Hühnertritt“), um die Länge einer Wand zu messen?
- Wie viele Schritte braucht ein Kind, um eine Wand abzuschreiten, und wie viele ein Erwachsener?
- Nachdem auf diese Weise alle Außenwände vermessen wurden, messen die Kinder auch die Türen und Fenster ab. Dazu stellen sie sich z. B. in die Türe und strecken die Arme aus – wie breit ist die Türe, wie hoch ist sie?
- Können zwei, drei oder vier Kinder nebeneinander durch die Tür gehen?
- Die Fenster werden später von innen gemessen.

Das Innere des Hauses

Material: Klebeband, Klebepunkte, Schnur, Meterstab

Ist das Haus von außen betrachtet und vermessen, dann kommen die Kinder sicher selbst auf die Idee, das Spiel auf den Innenraum zu übertragen:

- Was gehört alles zum Innenraum eines Hauses?
- Was kann man alles sehen (Eingang, Garderobe, Toiletten, Waschraum, Küche, Spielraum …), und was kann man nicht sehen?
- Woher kommt eigentlich das Wasser, wenn ich den Hahn aufdrehe, und wo fließt es aus dem Waschbecken hin? Warum geht eigentlich das Licht an, wenn ich auf den Schalter drücke? Mit Klebeband oder Klebepunkten können wir den Weg der Leitungen unter der Mauer markieren.
- usw.

Alle diese Aufgaben können in altersgemischten Kleingruppen oder mit der ganzen Gruppe spielerisch gelöst werden. Dabei wird der natürliche Forscherdrang der Kinder besonders dann unterstützt, wenn wir ihnen Aufgaben stellen, die sie auch individuell lösen können. Zum Messen ist auch eine Schnur oder ein Meterstab geeignet.

Materialerkundung

Der nächste Schritt beim Kennenlernen des Kindergartengebäudes ist die Beschäftigung mit den Materialien, aus denen es besteht.

Welche Materialien sind in einem Haus versteckt?

Den Kindern werden verschiedene Materialien, wie Ziegelsteine, Holz, Metall, Kunststoff, Sand etc. zur Verfügung gestellt. Sie befühlen diese und sprechen darüber, welches Material

sie kennen. In Kleingruppen (jeweils 4–6) erforschen sie, wo sich diese Materialien am bzw. im Gebäude befinden.
Mit dem Spiellied „Wer will fleißige Handwerker seh'n?" kann das Thema „Hausbau" aufgegriffen werden. Zu jedem Material, das die Kinder entdeckt haben, wird eine neue Strophe gesungen.

Fühlpfad
Das Haus wird als „Fühlpfad" genutzt! Die Kinder ziehen durch den Kindergarten und befühlen und beschreiben alle Materialien: Boden, Wände, Leitungen, Geländer etc. Dabei werden viele „Wie-Wörter" gesammelt (also z. B. kalt, warm, kratzig, glatt, rubbelig …), es können aber auch Fantasiewörter sein! Durch das Abtasten des Materials ist auch ein Vergleich von innen und außen möglich: Wie fühlt sich die Mauer oder der Putz innen und wie außen an? Ist er rau oder glatt? Wie ist die Treppe, das Geländer, das Fenster beschaffen? Ist es eher warm oder kalt, glatt oder geriffelt? etc.

Oberflächen durchreiben
Die Kinder legen Papier auf verschiedene Oberflächen und reiben deren Struktur mit der Fläche eines Wachsmalblocks durch. Auf diese Weise wird eine ganze Sammlung von Materialabdrücken angelegt. Das Holz auf dem Boden erzeugt sicher einen anderen Abdruck als dasjenige, aus dem die Wandverkleidung oder das Treppengeländer besteht …

Material:
Wachsmalblöcke, Papier

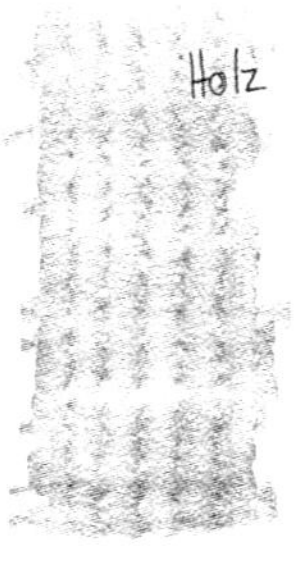

Spiele zum Kennenlernen des Hauses

Ist das Haus gründlich erkundet und untersucht, dann wird das, was die Kinder dabei erfahren und gelernt haben, auf spielerische Weise vertieft.

Blinde Karawane

Die Kinder werden in Kleingruppen (jeweils 4–6), später eventuell auch in der großen Gruppe, mit verbundenen Augen im Außenbereich am Haus entlanggeführt. Sie befühlen Stellen und versuchen zu erraten, wo sie sich befinden. Im Inneren des Kindergartens werden die Kinder in verschiedene Räume geführt. Ihre Aufgabe ist es, durch Tasten zu bestimmen, um welchen Raum es sich jeweils handelt.

Ein Blindweg durchs Haus

Material: langes Seil

An einer Wand entlang bzw. eine Treppe hinauf oder hinunter wird zunächst ein dickes Seil befestigt. An diesem Seil entlang können sich die Kinder nun auch alleine mit geschlossenen Augen durch das Haus tasten und bewegen. An den Türen ist das Seil natürlich unterbrochen – man kann die Türen aber durch Anbringung unterschiedlicher Reliefstrukturen so kennzeichnen, dass die Kinder auch hier mit geschlossenen Augen immer wissen, wo sie sich gerade befinden.

Häuser aus Karton, Lehm und Stein

Haben die Kinder das Gebäude der Kindertagesstätte von innen und außen kennengelernt, dann machen sie sich selbst an den „Hausbau“. Zur Einführung eignet sich folgendes Gedicht:

Wir bauen mit den Händen

Wir bauen mit den Händen
ein Häuschen mit vier Wänden.
Wir bauen es gut und feste,
drin schläft ein Kind im Neste.

Der Nebel schleicht ums Haus geschwind,
doch kann er nicht herein zum Kind.
Versucht es hier, versucht es dort,
dann schleicht er traurig wieder fort.

Der Regen geht ums Haus geschwind,
doch kann er nicht herein zum Kind.
Versucht es hier, versucht es dort,
dann geht er einfach wieder fort.

Der Donner stapft ums Haus geschwind,
doch kann er nicht herein zum Kind.
Versucht es hier, versucht es dort,
dann stapft er zornig wieder fort.

Kommt dann der liebe Sonnenschein,
den lassen wir ins Haus hinein.
Wir öffnen ihm das Tor geschwind,
dann kann er rein zum lieben Kind.
Sendet ihm warme Strahlen zu –
hab Dank, du liebe Sonne du!
Hedwig Diestel

Man kann dieses Gedicht auch als Fingerspiel gestalten: Die Erzieherin formt mit den Händen das Häuschen, haucht von verschiedenen Seiten den Nebel hinein, tröpfelt mit den Fingern einer Hand den

Regen drauf, schickt ein Donnergrollen darüber und spreizt die Hände, wenn die Sonne kommt. Die Kinder ahmen die Bewegungen nach. Auch als Gruppenspiel kann man es einsetzen.
Dazu stellen sich drei bis vier Kinder der Gruppe in die Mitte, während die anderen um sie herum das Haus bilden. Beim ersten Mal übernehmen noch die Erzieherinnen die Rollen von Wind, Nebel oder Donner, später können die Kinder dies auch selbst tun.

Ein bespielbares Haus aus Karton

Material:
ein sehr großer Karton, Scheren, Wasserfarbe, Plastikfolie

Als Erstes bietet es sich an, ein einziges großes Haus aus einem möglichst großen, begehbaren Karton zu bauen, wobei es günstig ist, die aufgemalten Fenster einzuschneiden, damit die Kinder sie auch öffnen können. Das neue Kartonhaus eignet sich besonders gut für Familienspiele, man kann darin aber auch Besuch empfangen, oder es kommt der Briefträger, Kaminkehrer etc. vorbei …

Ein neues Haus
Ein neues Haus ist uns errichtet,
das alle uns zu Dank verpflichtet.

Des Blitzes Strahl mög es verschonen,
ein guter Geist soll darin wohnen.

Gott mög es schützen vor Gefahren,
vor allem Unheil es bewahren.

Er möge segnen dieses Haus
Und die da gehen ein und aus.
Hedwig Diestel

Ein Traumhaus für jedes Kind

Nach dem Bau des großen Gemeinschaftshauses basteln die Kinder individuelle, kleine „Traumhäuschen" aus Karton, Lehm oder Stein (s. unten) und anderen Materialien.

„Ich bin ein Haus"
Auch den Bau der Traumhäuser beginnen wir mit einem kleinen Spiel. Alle Kinder stehen im Kreis und stellen sich vor, dass sie ein Haus sind. Sie bestimmen selbst, wie dieses Haus aussieht und wer darin wohnt, und versuchen, dies mit ihrer Körperhaltung auszudrücken. Die Gruppenleiterin stellt einem der Kinder aus der Gruppe verschiedene Fragen, wie z. B. „Was für ein Haus bist du?" Handelt es sich um ein hohes Haus, dann muss sich das Kind strecken; handelt es sich um ein altes Haus, dann stellt sich das Kind etwas schief hin, und ist das Haus nur ein kleines Häuschen, dann geht das Kind in die Hocke. Alle anderen Kinder machen die Gestik des jeweils angesprochenen „Hauses" nach.

Varianten: Die Erzieherin kann den Kindern aber auch andere Fragen stellen, wie z. B. „Wo steht das Haus?" Steht es auf einem Berg, am Wasser, im Wald, in der Stadt oder vielleicht sogar in einem anderen Land?
Setzt sich die Gruppe aus Kindern verschiedener Herkunftsländer zusammen, so kann in diesem Zusammenhang auch auf die baulichen Unterschiede zwischen den Häusern in diesen Ländern und denjenigen bei uns eingegangen werden. Wie sehen wohl die Häuser in Italien, Kroatien, der Türkei, Russland usw. aus? Die Kinder können erzählen, was sie darüber wissen, und Fotos oder Bilder mit-

bringen. Diese Fotos kann man dann zu einer Europa- oder Weltkarte zusammenlegen. Auf diese Weise wird das Interesse der Kinder an anderen Kulturkreisen und Lebensformen geweckt und der Zusammenhalt der Gruppe gestärkt.
Ein weitere Frage kann lauten: „Wer wohnt in dem Haus?" Sind es viele Menschen oder wenige, sind sie miteinander verwandt oder sind es Fremde, befindet sich ein Geschäft, eine Firma usw. in dem Gebäude? Spaßig ist es auch, wenn die Gruppenleiterin oder eines der Kinder bei einem solchen „Haus" klingelt (wobei sich der „Klingelknopf" z. B. an der Schulter befindet) und fragt, wer da wohnt, was derjenige macht, wie alt er ist u.v.m.

Material:
Schuhkartons, Kleber, Schere, Farbe, Stoffe, Wolle, Perlen, Bänder, Knöpfe ...

Ein Traumhaus aus Karton

Nach dem Einführungsspiel geht es mit dem Basteln los: Jetzt darf jedes Kind aus einem kleinen Karton (z. B. einem Schuhkarton) ein Haus ganz nach seinen individuellen Vorstellungen und Wünschen bauen, das dann bemalt und mit vielen verschiedenen Materialien beklebt werden kann. Der Fantasie sind dabei keine Grenzen gesetzt: Es darf ein richtiges „Traumhaus", ein wirklich vorhandenes Gebäude oder etwas ganz Ungewöhnliches werden. In einer Abschlussrunde stellt jeder sein Haus vor, und wer will, erzählt eine Geschichte dazu.

Ein Traumhauslied

Für das Traumhauslied eignet sich am besten die Melodie von „Auf einem Baum, ihr glaubt es kaum", es kann aber auch ein beliebiges anderes, passendes Musikstück genommen werden.

In einem Haus

Musik: überliefert / Text: Petra und Monika Bezdek

2. *In einem Haus,*
so sieht es aus,
da gibt es auch Geschäfte:
Kleider, Schuhe, Spielzeug, Essen,
Leute sind darauf versessen.
Alle kaufen hier, alle kaufen hier.

3. *In einem Haus,*
so sieht es aus,
da treff ich viele Leute:
Handwerker und Architekt,
wo wohl heut' der Hausmeister steckt?
Alle arbeiten hier, alle arbeiten hier.

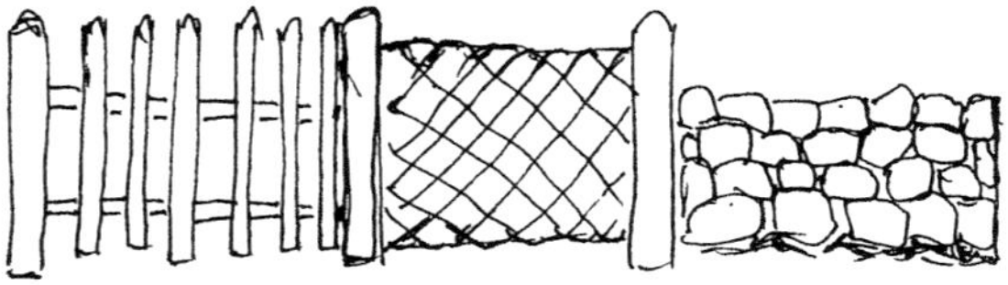

Wir bauen Lehmhäuser

Material:
Folie, Platten (z. B. aus Pressspan), gut formbarer Lehm, Stricknadeln, Rundhölzer, Bauklötze, Messer etc.

Traumhäuser können auch aus Lehm geformt werden – ein besonders großes Vergnügen für die Kinder! Das Kneten und Formen des Tons regt die Reflexzonen in den Händen an, der ganze Körper wird gut durchblutet, die Kinder können ihre Kräfte einsetzen, der Tastsinn wird gefördert und auch die Formkraft wird hierbei geschult.
Der Bau der Lehmhäuser lässt sich natürlich am besten im Sommer, im Garten oder Hof der Kindertagesstätte, durchführen. Da können die Kinder mit viel Spaß arbeiten, ohne darauf achten zu müssen, ob etwas schmutzig wird.

Es empfiehlt sich, den Lehm rechtzeitig einzuweichen (etwa zwei Tage vorher), damit er formbar wird. Jedes Kind bekommt ungefähr eine gute Hand voll Lehm. Auf einem Tisch, einer Folie oder einem Brett wird der Lehm dann zunächst gemeinsam geknetet, geschlagen, gerollt, gefaltet und wieder geknetet. Dazu passt folgender Reim:

Kneten, kneten, kräftig kneten,
jeder knetet, so kräftig er kann,
und dann halten alle an.

Rollen, rollen, langsam rollen,
jeder rollt, so rund er kann,
und dann halten alle an.

Schlagen, schlagen, ganz fest schlagen,
jeder schlägt, so fest er kann,
und dann halten alle an.

überliefert

Diese Verse können beliebig erweitert werden, je nachdem, welche Techniken der Lehmbearbeitung den Kindern einfallen.
Wenn der Lehm gut durchgearbeitet ist, formt jedes Kind ein Haus und verziert es nach Belieben mit Fenstern, Türen, Kamin usw. Diese Verzierungen kann man am besten mit einer dicken Stricknadel, einem Messer, Rundhölzern oder Bauklötzen in den Lehm eindrücken.
Die Kinder stellen dann ihre einzelnen Häuser der Gruppe vor, erzählen, wer darin wohnt oder arbeitet, welche Geschäfte sich vielleicht in dem Haus befinden, wie alt es ist und was ihnen sonst noch dazu einfällt.

Stein auf Stein ...

Material:
Ytongsteine, Bretter, Sägen, Raspeln

In einer Ecke des Kindergartenhofes kann man für die Kinder eine Bauecke einrichten. Besonders gut geeignet für die ersten Bauversuche sind kleine Ytongsteine, die die Kinder zu Mauern oder Häuschen auf- und wieder abbauen können. Als Fensterstürze oder als Dachabdeckung bieten sich kleine Bretter an.
Ytongsteine können auch ganz leicht mit Raspel und Säge bearbeitet und deshalb zu ganz individuellen Häusern ausgestaltet werden. Da bei dieser Arbeit viel Staub entsteht, macht man sie am besten im Hof oder in einer Werkstatt, falls eine solche zur Verfügung steht.
Zum Abschluss kann man die Papp-, Lehm- oder Steinhäuser der Kinder im Gebäude oder im Hof unter einem Dach mitsamt Straßen, Plätzen und Brücken zu einer Stadt aufbauen (vgl. dazu S. 42ff.).

Spiele im Hof

Ein gepflasterter oder asphaltierter Hof, wie er sich in unseren Städten häufig findet, ist sicherlich kein idealer Lebens- und Spielraum für Kinder. Es gibt aber trotzdem viele Spiele, die man gerade hier gut durchführen kann.

Ballspiele

Bälle hüpfen auf einem ebenen, festen Boden wie Asphalt oder Beton besonders gut. In der Gruppe, zu zweit oder auch allein können die Kinder bei den folgenden Ballspielen ihr Geschick ausprobieren und den Umgang mit dem Ball üben.

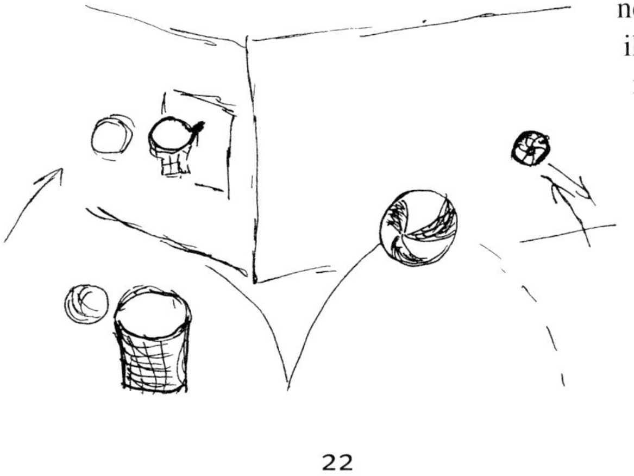

Ballspiele in der Gruppe

Ein Ball fängt den anderen

Die Gruppe stellt sich zunächst im Kreis auf. Zwei Kinder, die sich im Kreis einander gegenüberstehen, erhalten nun je einen Ball. Auf „Los“ geben sie ihre beiden Bälle in die gleiche Richtung weiter, wobei es das Ziel ist, dass ein Ball den anderen einholt. Welcher wird wohl der Schnellere sein?

Strafball
Alle stehen im Kreis und werfen sich einander in beliebiger Reihenfolge den Ball zu. Wird der Ball nicht gefangen, muss sowohl der Werfer als auch der Fänger auf den Knien weiterspielen. Bei einem zweiten Fehler muss der Betreffende im Sitzen weiterspielen, beim dritten Fehler auf dem Bauch liegend usw. Macht er aber in einer Runde keinen Fehler, dann wird er wieder um einen Hindernisgrad „erlöst“. Dieses Spiel ist vor allem für im Ballspiel geübte Kinder geeignet, die viel Spaß am Fangen und Werfen haben.

Ballspiele für zwei Kinder

Ball an die Wand mit verschiedenen Aufgaben
Ein Spiel, das man allein, zu zweit oder mit mehreren Kindern spielen kann. Ein Mitspieler beginnt dabei, einen Ball gegen die Wand zu werfen und ihn wieder aufzufangen. Fällt der Ball hinunter, ist der oder die Nächste dran. Es können dabei verschiedene Aufgaben gelöst werden, wie z. B.:

- einmal klatschen, dann wieder fangen
- zweimal klatschen, dann wieder fangen
- einmal umdrehen, dann wieder fangen
- einen Knicks machen, dann wieder fangen
- kurz in die Hocke gehen, dann wieder fangen
- ein Bein hochheben, unter dem Bein klatschen, dann wieder fangen (verschärfte Variante: mit Beinwechsel!)
- den Ball nur mit der rechten oder der linken Hand fangen

Alle Ballspiele kann man in vielen Varianten ausprobieren und dabei stets neue Ideen einbauen oder auch verschiedene Bälle benutzen. Jede neue Variante erweitert die Möglichkeiten der Kinder, den Umgang mit dem Ball zu üben.

Für manche Spiele haben sich im Laufe der Jahre Regeln entwickelt, die von Kind zu Kind weitergegeben werden, wie z. B. die folgenden:

Kirschen essen
Beim 1. Fehler: Kirschen gegessen,
beim 2. Fehler: Wasser getrunken,
beim 3. Fehler: Bauchweh bekommen,
beim 4. Fehler: Doktor geholt,
beim 5. Fehler: ins Krankenhaus gebracht,
beim 6. Fehler: Damit ist das betreffende Kind aus dem Spiel ausgeschieden.

Ballspiele für ein Kind

Während manche Kinder bereits ein so gutes Ballgefühl haben, dass ihnen immer wieder etwas Neues und Schwierigeres einfällt, trauen sich andere die Ballspiele in der Gruppe noch nicht zu. Viele der bereits beschriebenen Spiele können die Kinder auch allein üben. Ein gutes Beispiel ist das Zielwerfen:

- (Basketball)körbe werden in verschiedenen Höhen an der Mauer aufgehängt.
- Körbe, Eimer, Säcke usw. werden aufgestellt.
- Große Zielscheiben werden an eine Wand gemalt oder aufgestellt.
- Eine Torwand zum Hindurchschießen wird aufgestellt usw.

Die Kinder versuchen von verschiedenen Standpunkten aus die Ziele zu treffen.

Auch das Laufen mit dem Ball (Dribbeln) können die Kinder bereits alleine üben! Beim Umgang mit dem Ball sind die Kinder in der Regel selbst sehr erfindungsreich, man sollte sie in ihrem Tun bestätigen und ermutigen.

Mein Ball

Mein Ball
zeigt, was er kann,
hüpft
hoch wie ein Mann,
dann
hoch wie eine Kuh,
dann
hoch wie ein Kalb,
dann
hoch wie eine Maus,
dann
hoch wie eine Laus,
dann
ruht er sich aus.

Josef Guggenmoos

Gruppenspiele

Viele alte Kinderspiele können gut im Hof gespielt werden. Neben Klassikern wie „Wer hat Angst vorm schwarzen Mann“ gibt es eine Menge weiterer typischer Hofspiele, wie z. B.:

Ochs am Berg – 1, 2, 3!

Material: Straßenkreide

Alle Kinder stellen sich an einer Seite des Hofes auf einer zuvor mit Kreide gezogenen Linie auf. In etwa fünf bis zehn Meter Abstand davon steht ein weiterer Mitspieler (entweder an einer Mauer oder ebenfalls auf einer Linie). Dieser Mitspieler dreht sich nun um und sagt laut: „Ochs am Berg – 1, 2, 3!“ Während er spricht, gehen die anderen auf ihn zu. Bei „3“ jedoch dreht er sich schnell wieder zur Gruppe um, die sofort stillstehen muss. Wer sich dann noch bewegt, muss wieder zur Ausgangslinie zurück.

Der Trick dabei ist, dass der Sprecher den Spruch langsam oder schnell aufsagen kann, ganz, wie er will. Wer von den Mitspielern die Wand als Erster erreicht, löst den bisherigen Sprecher ab, alle anderen fangen wieder an der Ausgangslinie an.

Kaiser, wie viel Schritte darf ich gehen?

Material: Straßenkreide

Der „Kaiser" steht dabei ebenfalls an einer Wand oder auf einer aufgezeichneten Linie, alle anderen Kinder stellen sich mit großem Abstand ihm gegenüber auf. Dann fragt einer nach dem anderen: „Kaiser, wie viel Schritte darf ich gehen?" Der Kaiser darf nun bestimmen, wie weit und auf welche Weise sich der Fragende auf ihn zubewegen darf. Er sagt also z. B.: „Sieben Trippelschritte, zwei Froschhüpfer, einen Riesenschritt" o. Ä. Wer als Erster die Wand oder die Linie erreicht hat, übernimmt beim nächsten Durchgang die Rolle des Kaisers.

Bei den beiden eben erläuterten Spielen können sich die Kinder in der Rolle des Anführers üben und bestimmen, was jeder zu tun hat. Sie lernen aber zugleich auch, sich nach Anweisungen zu richten und Niederlagen einzustecken.

Hüpfspiele

Mit großer Begeisterung werden auf den Hinterhöfen seit vielen Generationen auch die verschiedensten Hüpfspiele gespielt. Hüpfspiele eignen sich gut zur Schulung des Gleichgewichtssinns. Die Erzieher können dabei beobachten, wie weit dieser bei den Kindern ausgeprägt ist und ob eine gute Koordination zwischen Augen und Händen bzw. Füßen vorhanden ist.

Kästchenhüpfen

Gruppengröße: Kleingruppen von 3 bis 6 Kindern
Material: Straßenkreide

Auch beim Kästchenhüpfen gibt es viele Variationen, die z. B. vorwärts oder rückwärts gesprungen werden. Alle diese Varianten können am Anfang mit beiden Beinen und später dann auch mit nur einem Bein gesprungen werden.

Kästchenhüpfen (mit oder ohne Steinwerfen)

Gruppengröße: Kleingruppen von 3 bis 6 Kindern
Material: Straßenkreide

Zunächst werden aneinandergereihte Kästchen auf den Boden gemalt. Die Aufgabe besteht dann darin, entsprechend der angegebenen Zahlenfolge auf einem Bein von Feld zu Feld zu hüpfen. Wer den Schwierigkeitsgrad erhöhen will, kann zunächst ein Steinchen ins erste Feld werfen, dorthin und zurückhüpfen, dann ein Steinchen ins zweite Feld werfen, wieder dorthin und zurückhüpfen usw. Wer dabei einen Fehler macht, muss entweder in der nächsten Runde von vorne anfangen oder bei dem Feld, auf dem der Fehler passiert ist. Hat man das letzte Kästchen erreicht, wird in umgekehrter Reihenfolge wieder zurückgehüpft.

Montag, Dienstag, Mittwoch …

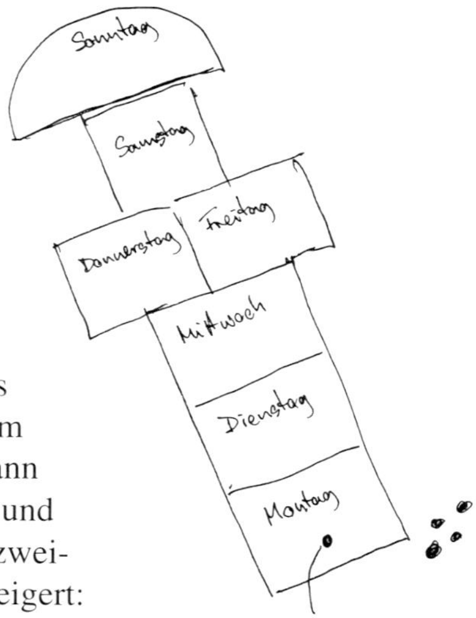

Auch hier werden zunächst die Kästchen, wie in der Zeichnung beschrieben, auf den Boden gemalt, und schon kann es losgehen! Die Regel des Spiels lautet, nacheinander mit einem Bein auf die Kästchen „Montag“, „Dienstag“ und „Mittwoch“, und dazu gleichzeitig mit dem linken Bein auf „Donnerstag“ und dem rechten Bein auf „Freitag“ zu hüpfen. Es folgen die Kästchen „Samstag“, wieder mit einem Bein, und „Sonntag“, mit beiden Beinen. Dann dreht man sich mit einem Sprung um 180° um und hüpft die ganze Strecke wieder zurück. Bei der zweiten Runde wird der Schwierigkeitsgrad gesteigert:

Jeder Spieler erhält nun einen eigenen Stein, den er in das Feld „Montag“ werfen und dieses beim Hüpfen dann überspringen muss. Ansonsten läuft das Spiel wie in der ersten Runde ab. In der dritten Runde wirft man den Stein in das Feld „Dienstag“ und muss dann dieses Kästchen überspringen, in der vierten in das Feld „Mittwoch“ usw., bis zum „Sonntag“.
Jeder darf so lange hüpfen, bis er einen Fehler macht. Er wartet auf den nächsten Durchgang und fängt wieder dort an, wo er aufgehört hat. Als Fehler zählt auch, wenn der Stein nicht im richtigen Feld landet oder wieder herausspringt. Auf diese Weise kann die Führung in diesem Spiel sehr schnell wechseln.

Französisches Paradieshüpfen
Ein Steinchen wird, auf einem Bein hüpfend, von Feld zu Feld getrieben. Es darf nicht auf einer Grenzlinie oder im falschen Feld liegen bleiben, sonst muss der Spieler von vorne anfangen. Die Felder 5 und 10 kann man zu Ruheplätzen erklären, dann darf man hier auf beiden Beinen stehen. Ausruhen darf man auch auf Feld 16, bevor es wieder zurückgeht.

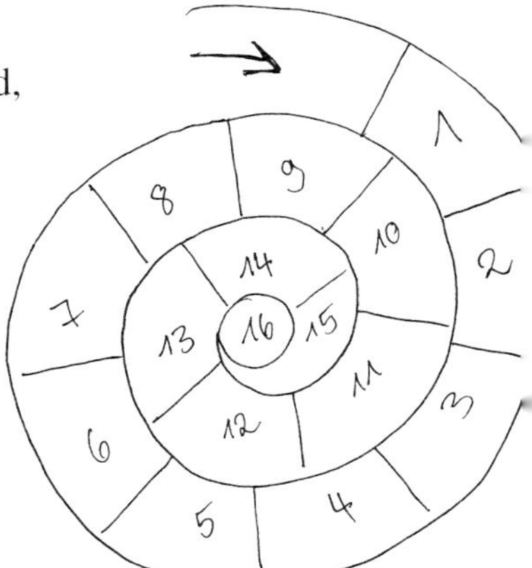

Spiele mit Seilen

Seile sind ein wunderbares Spielmaterial, das sehr vielseitig eingesetzt werden kann.

Beim Balancieren auf den am Boden liegenden Seilen wird der Gleichgewichtssinn geschult, beim Seilhüpfen die Koordination zwischen Augen, Hand und Fuß trainiert, beim Tauziehen können die Kinder ihre Kräfte messen, und Reaktionsvermögen sowie Geschicklichkeit werden bei allen folgenden Spielen gefördert!

Freie Seilspiele

Zuerst erhalten alle Kinder Seile und dürfen damit frei experimentieren – der Fantasie sind dabei keine Grenzen gesetzt: Laufen, springen, Pferdchenspiele, Seildrehen, das Seil als Lasso oder Schlange verwenden – den Kindern fallen hier sicherlich viele Spiele ein. Die Gruppenleiterin beobachtet die Spiele, kann die Elemente aufgreifen und darauf das eigene Angebot aufbauen. Das Selbstwertgefühl der Kinder wird gestärkt, wenn ihre eigenen Spielideen von der Gruppe aufgegriffen und umgesetzt werden.

Material:
Seile mit unterschiedlichen Längen und Stärken

Hindernislauf

Alle Seile werden zunächst kreuz und quer am Boden ausgelegt, wenn möglich, auch in geringer Höhe über dem Boden gespannt. Dann bekommen die Kinder verschiedene Aufträge, bei denen sie die Seile nicht berühren dürfen: „Lauft auf die andere Seite des Platzes“, „hüpft auf beiden Beinen“, „hüpft auf einem Bein“, „sucht euch einen einfachen und einen schwierigen Weg aus“, „hüpft zu zweit“ usw.

Seilspringen

Ab dem Vorschulalter können die Kinder sich auch im Seilspringen versuchen. Wenn sie es können, dann sind sie in der Regel mit großer Begeisterung dabei. Am besten ist es, wenn jedes Kind für sich übt. Bei manchen Kindern klappt das Seilspringen auf Anhieb, bei anderen dauert es dagegen länger, bis die Koordination stimmt. Die „Fortgeschrittenen“ können bereits verschiedene Variationen aus-

Alter:
ab dem Vorschulalter
Material:
einfache Hanfseile ohne Holzgriffe

probieren, also z. B. vorwärts, auf der Stelle, rückwärts, mit zwei Füßen hüpfen u.v.m. Seilspringen eignet sich gut zur Schulung der Koordinationsfähigkeit und sollte immer wieder in vielen Varianten gespielt werden!

Seilspringen mit einem langen Seil

Material: ein 3 bis 4 Meter langes Seil

Zwei größere Kinder nehmen das Seil an den beiden Enden und schwingen es in einem weiten Bogen. Die anderen versuchen, nacheinander in einer Richtung durch das kreisende Seil zu laufen, ohne es dabei zu berühren. Am Anfang ist es dabei sehr hilfreich, den Kindern Startkommandos zum Loslaufen zu geben. Einer nach dem anderen stellt sich neben das kreisende Seil und springt darüber, wenn es sich gerade am Boden befindet.

Gummihüpfen (bzw. Gummitwist)

Alter: für Kinder im Vorschulalter
Material: Hosengummi

Besonders bei den Mädchen beliebt ist das Gummihüpfen. Anregungen dazu kann auch die Erzieherin geben. Ein langer Gummi wird zunächst zu einem Ring geknotet. Dann stellen sich zwei Kinder in diesen Ring und gehen so weit auseinander, dass der Gummi zuerst auf Höhe der Knöchel, später auch höher am Körper spannt. Ein drittes Kind springt nun in verschiedenen Variationen über den Gummi. Die genauen Regeln dafür werden vor dem Spiel gemeinsam ausgehandelt. Hier einige Anregungen:

- mit beiden Beinen zwischen die Gummis springen
- so springen, dass sich ein Bein rechts und ein Bein links außerhalb der Gummis befindet
- um 180° drehen und sich dann beim Sprung aus den Gummis „befreien“
- sich mit einem Bein in die Mitte zwischen die beiden Gummis stellen, dann so hüpfen, dass sich jeweils ein Bein rechts, dann

eins links und schließlich beide in der Mitte oder außerhalb der Gummis befinden
- während des Sprungs um 180° drehen
- mit jedem Bein auf einen der Gummis springen und dann wieder herunter
- usw.

Pflastermalereien

Material:
Straßenkreide

Asphaltierte oder geteerte Höfe sind auch ein idealer Platz für kreative „Pflastermaler".
Die Kinder brauchen dazu nur eine Schachtel mit Kreide, und schon geht's los! In kurzer Zeit entstehen bunte Fantasiegemälde, und vielleicht kommen Spaziergänger oder Nachbarn vorbei, die die Werke der kleinen Künstler bewundern!

Schattenbilder
Wenn die Sonne in den Hof scheint, werfen die Körper der Kinder – je nach Sonnenstand – lange oder kurze Schatten auf den Boden. Die Umrisse dieser Schatten kann man prima nachfahren, und anschließend können die Kinder ihren „Schattenkörper" selbst ausmalen.

Figuren malen
Die Kinder legen sich in einer witzigen Pose auf den Boden, dann werden auch hier die Umrisse mit Kreide nachgefahren und die so entstandenen Figuren anschließend ausgemalt. Auf diese Weise entstehen riesige, lustige Gruppenbilder!

Wozu sind die Hände da?

überliefert

2. Die Hände sind zum Winken da …
3. Die Hände sind zum Malen da …
4. Die Hände sind zum Kneten da …

Wir können bei diesem Lied auch nach unseren Füßen, Augen, Ohren, dem Kopf usw. fragen.

Unsere Straße

Nach den ersten Erfahrungen im Gebäude und im Hof geht es nun hinaus, um die Straße zu erkunden, in der sich unsere Wohnung oder der Kindergarten befindet.

Die Häuser in unserer Straße

Bei ihrem Erkundungsausflug auf die Straße können sich die Kinder mit vielen neuen Fragen auseinandersetzen:

Was gibt es hier alles zu sehen?

Welche Häuser gibt es in unserer Straße? Wie sehen diese im Vergleich zu unserem Kindergartengebäude aus? Sind sie groß oder klein, schmal oder breit (die Kinder messen auch hier die Gebäude mit Schritten oder als Kinderkette ab), sind sie hoch oder niedrig, alt oder neu? Wie viele Stockwerke haben die einzelnen Häuser? Sind die Dächer spitz, rund oder flach? Wie viele Fenster haben die Häuser, wie sehen die Türen aus? Befinden sich in den Häusern Geschäfte oder

Wohnungen? In welchen Farben sind die Häuser gestrichen? Hell oder dunkel?
Dann stellen die Kinder die Form eines Hauses mit ihrem Körper dar, üben das Zählen und Begriffebilden, lernen das genaue Betrachten, das Unterschiedebenennen und Vergleichen, und suchen sich ein besonderes Merkmal heraus, an dem sie das jeweilige Haus erkennen können. Ein in diesem Rahmen besonders gut geeignetes Spiel, das die Beobachtungsfähigkeit der Kinder schult, ist „Ich sehe was, was du nicht siehst".
Neben der Frage nach den objektiven Merkmalen kann man die Kinder auch danach fragen, welches Haus ihnen am besten gefällt. Dabei ist wichtig, dass die Kinder lernen, ihre Meinung zu äußern und erleben, dass die anderen vielleicht einen ganz anderen Geschmack haben. Alle Meinungen sind gleichberechtigt!

Häusergeschichten

Mit der Vielfalt der Eindrücke, die allein schon bei der Betrachtung eines einzigen Hauses gesammelt werden, wächst auch die Fantasie der Kinder, was sich wohl in diesem Haus alles befinden könnte. Jeder darf nun eine kurze Geschichte zu einem der Häuser in der Straße erzählen. Was spielt sich wohl in diesem Haus ab? Wie viele Menschen leben dort? Sind es Familien? Leben in dem Haus auch Kinder? Sind die Bewohner gerade zu Hause oder sind sie in der Arbeit? Was machen sie gerade? Auf diese Weise wird die Vorstellungskraft und die Ausdrucksfähigkeit der Kinder gefördert.

Werkaktionen zum Thema „Straße“

Zurück im Kindergarten versuchen die Kinder, sich die Besonderheiten der einzelnen Häuser in der Straße noch einmal vor Augen zu führen und arbeiten sie in verschiedene Werkstücke ein. Hierzu einige Anregungen:

Transparente

Die Kinder schneiden die einzelnen Häuserfronten der Straße, in der sich der Kindergarten befindet, aus festem Papier aus, die Fenster und Türen werden mit buntem Transparentpapier hinterklebt. Die Häuser können auch in Teamarbeit gebastelt werden: Diejenigen, welche schon besser mit der Schere umgehen können, schneiden die Häuser aus, die anderen das Transparentpapier. Zum Schluss können wir „unsere Straße“ am Fenster aufhängen.

Material:
festes Papier, Transparentpapier, Scheren, Kleber

Häuser- und Straßenbilder

Eine andere Möglichkeit ist es, Bilder mit Häusern und Straßen in verschiedenen Techniken zu malen:

- Großzügig und kräftig kann mit den Wachsmalblöcken gemalt werden. Mit der Ecke kann man kräftige Linien ziehen, mit den Kanten großflächig malen.
- Über ein mit Wachsmalkreiden angefertigtes Bild können die Kinder mit dünner Wasserfarbe großflächig darübermalen. Das Wachsmalbild bleibt dabei erhalten.
- Mit Wasserfarben gemalte Bilder drücken die Stimmung der Kinder meist am besten aus.

Material:
unterschiedliche Papiere, Wasserfarben, Wachsmalblöcke

- Spielerisch probieren wir aus, ob es uns gelingt, ein Haus in nur einem Strich zu zeichnen! Dabei kann folgender Spruch verwendet werden:

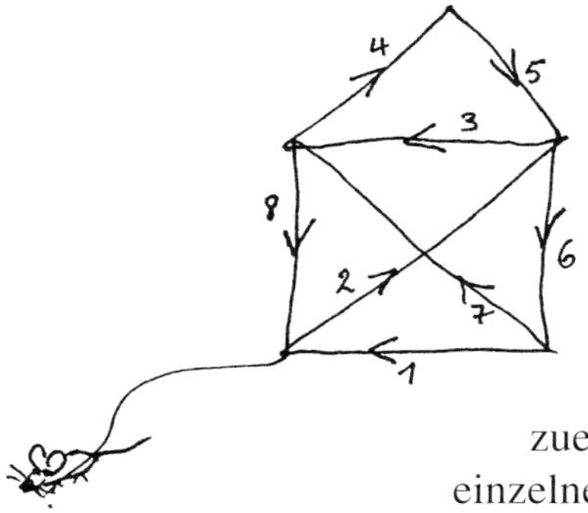

In diesem Haus lebt eine Maus. Und hier läuft sie heraus!

Bei „Und hier läuft sie heraus" flitzt das Kind mit seinem Stift kurvenreich über das Papier.

Beim Malen der Straßen und Häuser entsteht meist von ganz allein eine Geschichte. Oft malen die Kinder die Bewohner der Gebäude gleich daneben. Wenn man sich Zeit nimmt und ihnen zuhört, erzählen sie, was sie beim Malen bewegt. An der Größe der Menschen im Vergleich zueinander und zum Haus können wir erkennen, wie sich die einzelnen Kinder in der Familie einordnen.

In unserer Straße kann man viel entdecken!

Was gibt es noch in der Straße zu entdecken?

- Auf dem Straßenschild steht der Name unserer Straße. Können wir herausfinden, was der Name bedeutet und warum die Straße so heißt?
- Wo befinden sich an den Häusern die Schilder mit den Hausnummern, und wer kann diese Zahlen schon benennen? Nach welchem System sind die Hausnummern in der Straße verteilt?

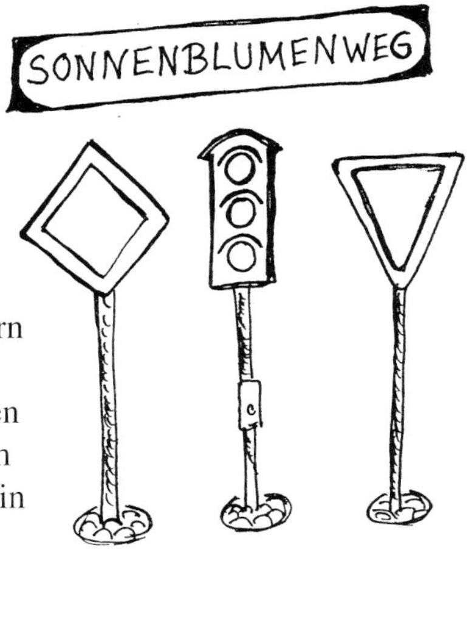

- Wohnt in der Straße ein Kind aus der Gruppe? In welchem Haus? Wie weit ist sein Weg zum Kindergarten?
- Wie viele Straßenkreuzungen und Nebenstraßen gibt es?
- Stehen in unserer Straße Ampeln, gibt es dort Zebrastreifen?
- Fährt in unserer Straße ein Bus oder eine Straßenbahn? Wo sind die Haltestellen und die Wartehäuschen?
- Wo sind Gullys und wozu sind sie da?
- Ein Hydrant – wozu ist er da?
- Ein Briefkasten – wo wirft man die Briefe ein und wann wird er geleert? – Bei dieser Gelegenheit kann man im Kindergarten auch einen Brief malen für … Adresse und Briefmarke darauf, und schon können wir ihn zum Briefkasten bringen!
- Wie sieht der Gehweg in der Straße aus? Ist er geteert oder gepflastert? – Hier kann man ein Spiel daraus machen, die Schritte so zu setzen, dass man auf dem Pflaster keine Linien betritt, oder versuchen, zu gehen, indem man die Füße nur auf die Kreuzungspunkte der Linien setzt usw.
- Wie wird die Straße beleuchtet? Wo sind die Straßenlaternen?
- Gibt es irgendwo in der Straße ein öffentliches Telefon? Wie funktioniert es? – Wenn es noch eine Telefonzelle gibt, dann kann man ausprobieren, wie viele Kinder hineinpassen!

Ein Spaziergang mit der Lupe

Material: Lupen

Sehr spannend und aufschlussreich ist es auch, mit der Lupe einen Spaziergang durch die Straße zu machen. Was findet man da nicht alles, wo es scheinbar nur Steine, Mauern, Pflaster und Asphalt gibt? Selbst ganz kleine Pflänzchen finden hier zwischen den Mauer- und

Pflasterritzen einen Lebensraum! Welche Pflanzen entdecken wir? Welche Tiere überleben in dieser unwirtlichen Welt? – Die Kinder untersuchen die Mauerritzen sowie die Fugen und Risse im Asphalt bzw. Pflaster mit der Lupe und berichten, was sie alles entdeckt haben.

Die Geräusche in unserer Straße

Wir haben schon ganz viel in der Straße gesehen und gefühlt, jetzt achten wir noch darauf, was wir alles hören können!

Hören

Die ganze Gruppe steht im Hof oder vor dem Gebäude, in dem sich der Kindergarten befindet. Alle schließen die Augen und konzentrieren sich auf die Geräusche der Straße. Jeder versucht zu erkennen, aus welcher Richtung und aus welcher Entfernung ein Geräusch kommt. Gelingt es den Kindern, die einzelnen Geräusche des Straßenlärms zu unterscheiden? Man erkennt fahrende Autos, Motorräder, Fahrräder, den Bus, die Straßenbahn, Türenschlagen, Anfahren, Bremsen, Hupen, Klingeln, Stimmen, Schritte …
Um im Verkehr gut reagieren zu können, ist es für Kinder wichtig, Geräusche erkennen und deren Entfernung abschätzen zu können. Mit dieser und anderen Hörübungen kann man die Kinder für die Geräusche im Straßenverkehr sensibilisieren.

Hörspiele

Im Kindergarten ahmen die Kinder anschließend die Geräusche der Straße nach:
Ein Kind macht ein Straßengeräusch nach, und die anderen raten, worum es sich dabei handelt.
Die Kinder bewegen sich langsam durch die Turnhalle und ahmen dabei jeweils ein Geräusch von der Straße nach. Ein Kind steht mit geschlossenen Augen in der Mitte und bekommt die Aufgabe, ein bestimmtes Geräusch aus dem Klangteppich herauszuhören und zu bestimmen, aus welcher Richtung es kommt.
Eine Gruppe von Kindern nimmt den Straßenlärm mit einem Kassettenrekorder auf und spielt es den anderen im Kindergarten vor. Welche Geräuschquellen können die Kinder identifizieren, ohne die dazugehörigen Fahrzeuge oder Menschen zu sehen?

Unsere Nachbarn

Nachdem die Gruppe die Straße mit ihren Häusern erforscht hat, macht sie sich daran, auch die Bewohner in der Nachbarschaft des Kindergartens kennenzulernen. Die Erzieherin spricht mit den Kindern zunächst darüber, ob sie bei sich zu Hause schon die Nachbarn kennen und lässt sie erzählen, wer über, unter oder neben ihnen wohnt und welchen Kontakt sie zu ihren Nachbarn haben. Da wird es viele Geschichten und viele Unterschiede geben!
Welche Nachbarn aber wünschen sich die Kinder? Einen netten und freundlichen, einen, der mal hilft, einen, der sich freut, wenn ich klingle … In diesem Zusammenhang bietet sich eine Variation des Spiels „Mein rechter Platz ist leer“ an:

Mein rechter Platz ist leer

„Mein rechter, rechter Platz ist leer,
da wünsch ich mir die/den … als Nachbarn her."
„Warum soll ich kommen?"
„Weil du manchmal auf meine Katze aufpasst."

„Mein rechter, rechter Platz ist leer,
da wünsch ich mir die/den … als Nachbarn her."
„Warum soll ich kommen?"
„Weil du mir gern im Garten hilfst."
usw …

Das Kennenlernen und Kontakthalten

Heute sind gerade in Städten Kontakte zu Nachbarn nicht mehr selbstverständlich.
Dieser Entwicklung können wir entgegenwirken, indem wir den Kindern zeigen, wie wir die Nachbarn des Kindergartens kennenlernen und eine gute Beziehung aufbauen. Zunächst kann man die Kinder in der Gruppe fragen, was sie schon alles darüber wissen: Wer sind denn die rechten und linken Nachbarn unseres Kindergartens? Wohnen da Familien? Ist es ein Geschäft? Wer wohnt alles in den Häusern daneben?
Dann klingelt die Gruppe bei den Nachbarn und stellt sich vor, vielleicht mit einem Lied.
Mit Einladungen zu den Kindergartenfesten oder einem Ständchen zum Geburtstag kann man den Kontakt zu den Nachbarn aufrechterhalten. Wenn die Kindertagesstätte direkt im Haus Nachbarn hat, dann ist ein gutes Verhältnis besonders wichtig!
Die Kinder erleben gegenseitige Rücksichtnahme und Anteilnahme im täglichen Miteinander. Das Interesse an den Mitmenschen wird

geweckt und auch der sprachliche Umgang mit fremden Erwachsenen kann auf diese Weise geübt werden.

Grenzen wahrnehmen

Im Kontakt mit den Nachbarn lernen die Kinder auch die Grenzen der eigenen Freiheit kennen. Meine Freiheit endet spätestens da, wo ich beginne, andere in ihrer Persönlichkeit und ihren Rechten einzuschränken. Eine äußerlich sichtbare Grenze kann z. B. ein Zaun sein, den die Kinder nicht überschreiten dürfen. Persönliche Grenzen sind z. B. die individuelle Lärmempfindlichkeit anderer Menschen, die unterschiedlich große Toleranz gegenüber fragenden, neugierigen Kindern … Diese Grenzen können auch je nach Tagesform schwanken, es ist wichtig, dass die Kinder lernen, sie zu erkennen, zu wahren und darauf Rücksicht zu nehmen. Langsam können die Kinder mit Hilfe der Erzieher ein Gefühl dafür entwickeln, welche Einschränkungen berechtigt sind und welche nicht.

Die Einladung

Der Höhepunkt des freundschaftlichen Kontakts zu den Nachbarn ist die Einladung zum Kindergartenfest. Die Kinder können für die Nachbarn Einladungskarten malen. Unter Umständen können die Nachbarn auch in die Spielaktionen einbezogen werden oder einen Beitrag zum Fest mitbringen.

Viele Häuser – eine Stadt

Als Einführung in dieses Thema kann die Gruppenleiterin eine Geschichte erzählen, die auf die jeweilige Stadt abgestimmt ist. Hierfür ein Beispiel: „Gestern war Sonntag, und ich habe einen Spaziergang durch die Stadt gemacht. Auf meinem Weg bin ich an vielen Häusern vorbeigekommen. Eins davon war sehr groß und hat zwei Türme. Das Gebäude hat auch ein großes, geschmücktes Holztor, und in diesem Tor ist eine Tür, durch die Menschen hineingehen und andere herauskommen. Wisst ihr, was das für ein Gebäude ist? Direkt daneben steht ein hoher, schmaler Turm. In diesem Turm gibt es eine Treppe mit vielen, vielen Stufen, die bin ich hinaufgestiegen und habe mir die Stadt von oben angesehen. Da gibt es hohe, steile Dächer, flache Dächer, Häuser mit vielen Fenstern, alte neben neuen Häusern, dazwischen Plätze, Kirchen und Geschäfte …" usw.
Während der Erzählung kann man die Kinder fragen, was sie schon alles über die erwähnten Gebäude wissen.

Wir bauen eine Stadt

Mit den selbst gebauten (Traum-)Häusern aus Pappe, Lehm oder Stein (siehe S. 17ff.) errichten die Kinder nun eine Fantasiestadt oder die Stadt, in der sie wohnen. Wichtig ist, dass diese Stadt einen Platz bekommt, an dem sie längere Zeit stehen bleiben kann. Die Kinder können sie dann immer weiter ausbauen und ausgiebig mit ihr spielen.

- Zunächst wird eine große, freie Fläche mit festem Karton oder einer hellen Stoffbahn ausgelegt.
- Dann überlegt die Gruppe gemeinsam, wo welches Haus stehen soll und stellt ihre selbst gebastelten Häuser entsprechend auf: ein Hochhaus ins Stadtzentrum, ein Bauernhaus an den Stadtrand usw…
- Als Nächstes werden zwischen den Häusern Straßen markiert, auf denen die Kinder Autos, Busse etc. fahren lassen können.
- Anschließend wird überlegt, welche Gebäude für eine Stadt wichtig sind: Geschäfte, das Rathaus, das Feuerwehrhaus, ein Krankenhaus, eine Burg, eine Stadtmauer, der Bahnhof, die Kirche, verschiedene Sehenswürdigkeiten und vielleicht auch ein Wahrzeichen, das für die Stadt charakteristisch ist. Manche Häuser werden nun wieder umgestellt, andere ergänzt; je mehr Häuser vorhanden sind, desto größer sind dabei die Gestaltungsmöglichkeiten (aus diesem Grunde ist es praktisch, einen gewissen Vorrat an Papphäusern zu besitzen).
- Bei der Arbeit bietet es sich an, über Städte in anderen Ländern zu sprechen. Hierfür bieten sich eine Menge Fragen an, wie z. B.: Welches sind die Unterschiede zu unserer eigenen Stadt? Welche Gebäude sind in den Ländern, aus denen die Kinder in der Gruppe kommen, für eine Stadt wichtig? Wo könnten diese ihren Platz in „unserer Stadt“ finden? Welche Städte kennen die Kinder aus ihrem Urlaub in einem anderen Land? Welche Wahrzeichen verbinden wir mit diesen Städten? Hierbei helfen Bilder, Bildbände, Prospekte u. v. m. weiter.

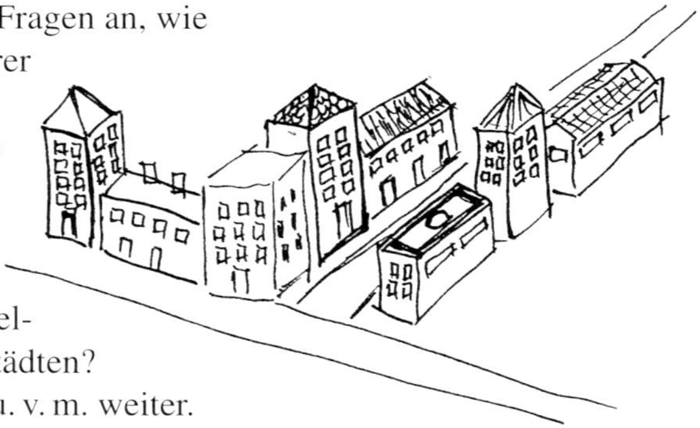

Begleitend bietet es sich an, das Lied „In einem Haus“ (vgl. S. 19) auch auf das Thema „Stadt“ auszudehnen:

In einer Stadt

1. In einer Stadt,
da bist du platt,
da stehen viele Häuser:
Hochhäuser und Bauernhof,
Kaufhaus, Rathaus und Gasthof.
Alle stehen hier, alle stehen hier.

2. In einer Stadt,
da bist du platt,
da kannst du sehr viel sehen:
Kirchen, Türme, Feuerwehr,
Krankenhaus und Stadttheater.
Alles siehst du hier, alles siehst du hier.

3. In einem Land,
das ist bekannt,
da gibt es viele Städte:
große Städte, kleine Städte,
wenn ich nur alle sehen täte.
Alle gibt es hier, alle gibt es hier.

4. Auf dieser Welt,
wie's uns gefällt,
ist jedes Land verschieden:
Häuser, Hütten, Kirchen, Moscheen,
werden gebaut aus Stein, Holz oder Lehm.
Alles gibt es hier, alles gibt es hier.

Text: Monika und Petra Bezdek

Unser Haus – eine Stadt: ein Fest im Kindergarten

Ein Höhepunkt für die Kinder ist es sicherlich, im Rahmen eines Kindergartenfestes die ganze Kindertagesstätte in eine Stadt, z. B. in ein „Mini-München“, zu verwandeln, wobei die einzelnen Räume der Einrichtung als „Häuser“ dienen.
Im Vorfeld tauchen dabei sicherlich viele Fragen auf: Was ist wichtig in einer Stadt, und was kann im Kindergarten umgesetzt werden? Bücherei, Rathaus, Geschäfte, Post, Sporthalle, Fabrik und Handwerker, Café, Restaurant, Museum, Theater … Welche Vorbereitungen müssen getroffen werden? Wie wird das Fest gestaltet? Wen wollen wir einladen? Wer soll und kann mithelfen? Wer kann uns mit Material und Sachkenntnis unterstützen? usw.

Geschäftige Vorbereitungen …

Zunächst werden in den Gruppen Vorschläge dazu gesammelt, welche Gebäude, Behörden und Geschäfte einer Stadt den Kindern am wichtigsten sind. Nachdem man festgelegt hat, welcher Raum welche Funktion bekommt, wird mit den Kindern spielerisch erarbeitet, was in den einzelnen Räumen stattfinden soll. Hier einige Anregungen:

- in der Post: (Spiel-)Briefmarkenverkauf, Malen von Postkarten, Schreiben von Briefen, Falten, Adressieren und Stempeln von Umschlägen usw.
- in der Bank: Ausgabe von Spielgeld, Geldwechsel
- im Rathaus: Informationen über den Kindergarten und über das Fest, Eintrittskartenverkauf, Lageplan mit den einzelnen Zimmern
- beim Holzbildhauer: Schnitzen

- beim Bäcker: Backen von Brötchen oder Kuchen
- beim Schuster: Herstellung von Lederbeuteln
- beim Schneider: Nähen von kleinen Kissen
- im Lebensmittelladen:Verkauf von Plätzchen, Süßigkeiten, Obst, Getränken etc.
- in der Sporthalle: Stelzenlauf, Balancieren auf Balken, Hindernislauf über und unter den Bänken, Stühlen und Tischen, Zielwerfen mit dem Ball
- in der Bücherei: Präsentation von Büchern zum Anschauen, Vorlesen in der Leseecke, eigene Herstellung kleiner Bücher
- im Theater: Aufführung eines kleinen Stehpuppenspiels, Schminkaktion, Verkleiden (die Kleider darf man ausleihen).
- in der Galerie: Ausstellung der während des Projekts von den Kindern gebastelten Häuser (vgl. S. 17ff.).
- im Café: Ausschank von Wasser und Saft, Kuchen- und Plätzchenverkauf
- auf dem Verkehrsübungsplatz im Hof: Hier werden Straßen aufgemalt und Schilder aufgestellt, es kann auf verschiedenen Fahrzeugen, wie z. B. Roller, Bobbycar und Fahrrad, geübt werden.

Zur Probe können die Kinder die von ihnen ausgewählten Aufgaben vor dem Fest schon einmal durchspielen.

Material: festes Papier, Wachsmalkreiden, Farbstifte, buntes Papier, Scheren, Kleber

Ist das Grundkonzept für das Fest klar, dann können die Einladungen gestaltet werden:
Dazu malen oder kleben die Kinder Häuser auf die Einladungskarten. Die Erzieherinnen machen die Einladungen fertig und verschicken sie an Eltern und Nachbarn.
Am meisten Arbeit erfordert jedoch die Herstellung der Kulissen.

Material: große Pappen, Farbe, Scheren

In kleinen Gruppen wird gemeinsam mit den Kinder beschlossen, wie die einzelnen Räume gestaltet werden sollen. Dann malen die

Erzieher und Kinder die entsprechenden Kulissen und Schilder auf große Pappbögen auf und schneiden sie aus. Unmittelbar vor dem Fest werden die Räume mit Hilfe der Eltern hergerichtet.

Das Fest

Ein Kindergartenfest ist immer eine gute Gelegenheit, die Eltern in die Kindergartengemeinschaft einzubeziehen. Bei dem hier vorgeschlagenen „Stadtfest" z. B. braucht jeder Raum ein Betreuerteam. Die Eltern können überdies auch Kuchen und Speisen für das Café oder das Restaurant mitbringen. Die Kinder sollten zwar mitarbeiten, aber auch genügend Zeit haben, alle anderen Stationen zu besuchen. Größere Kindergartenkinder haben sicherlich viel Spaß daran, im Café zu bedienen, im Lebensmittelladen zu verkaufen oder mit einer kleinen Gruppe eine „Stadtführung" durch den Kindergarten zu machen. Zur Begrüßung werden den Besuchern alle Einrichtungen in der „Stadt" vorgestellt. Die Erzieher und die Kinder singen ein Lied, das das Stadtprojekt begleitet hat, z. B. „In einer Stadt" (siehe S. 44).

Als passendes Lied für den Abschluss des Festes bietet sich das Nachtwächterlied „Hört, die Glock' hat 12 geschlagen!" an.

Ein multikultureller Markt

Bei einem multikulturellen Marktfest werden alle Herkunftsländer der Kinder einbezogen. Schon während der Vorbereitung können die

Eltern eine große Unterstützung geben. Sie werden eingeladen und können landestypische Kleidung, landesspezifische Speisen und Handelswaren vorstellen. Für das Fest werden überall im Kindergarten Stände aufgebaut, die die verschiedenen Länder zum Thema haben. Alle kleiden sich im Stil des Landes, das sie vertreten. Dann handeln sie mit den Waren ihres Landes und bieten die dazu passenden Speisen und Getränke an.
Die Eltern unterstützen die Kinder an den Ständen. Kaufen, Verkaufen und Preise aushandeln ist ein Spiel, das Kindern immer Spaß macht.
Ein schönes Begrüßungslied ist das fremdländisch klingende „Aramsamsam“

Aramsamsam

überliefert

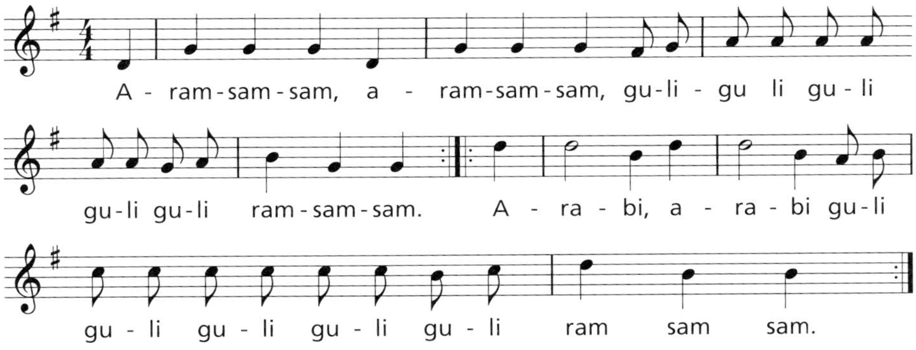

Alle knien im Kreis dicht beieinander

Aramsamsam: Alle klatschen im Takt auf ihre Beine; zuerst auf die Knie des rechten Nachbarn, als Nächstes auf die eigenen Knie und schließlich auf die Knie des linken Nachbarn usw.

guli guli: Alle kreisen ihre Unterarme um sich selbst, wie beim Däumchendrehen

arabi, arabi: Alle heben die Hände hoch und senken dann Hände und Kopf in einer Art Verbeugung auf die Knie.

Das Lied wird langsam begonnen und mit jeder Strophe etwas schneller gesungen!

Aus welchen Ländern und Kontinenten stammen die Dinge und Waren, die man in der Kindergartenstadt sehen kann? Um sich hierüber Informationen zu holen, können die Kinder vor dem Fest bei einem Besuch auf dem „richtigen" Markt der Stadt oder in den entsprechenden Geschäften nachfragen, woher die dort angebotenen Waren kommen.

Bei dem Fest im Kindergarten werden dann z. B. Stoffe aus China, Gewürze aus Indien, Tee aus Japan, Obst aus Südamerika u. v. m. verkauft.

Zum Abschluss des multikulturellen Marktfestes bieten sich Musik und Tänze aus den verschiedenen Ländern an …

Wege und Verkehr in der Stadt

Der Verkehr in der Stadt ist auf den ersten Blick sehr unübersichtlich und überfordert die Kinder oft. Der folgende Abschnitt soll dazu beitragen, dass sich die Kinder unter Anleitung und mit Begleitung Stück für Stück ihre Wege erobern und im Umgang mit dem Verkehr zunehmend sicherer werden. Zur Einführung in das Thema können die Kinder anhand eines Stadtplans betrachten, wie die Stadt und ihre Verkehrswege aufgebaut sind, und dann auch darüber diskutieren, welche Verbesserungen im Verkehr sie für sich wünschen würden.

Der Weg zum Kindergarten

Die Kinder in der Kindertagesstätte kommen aus dem ganzen Stadtviertel. Um das zu veranschaulichen, hängt die Erzieherin einen vergrößerten Stadtplan an die Wand und zeichnet darin den Weg jedes Kindes von zu Hause bis zur Tagesstätte farbig ein. Die Kinder können auf diese Weise feststellen:

- Wer wohnt in derselben Straße wie ich?
- Wer wohnt in meiner Nähe?

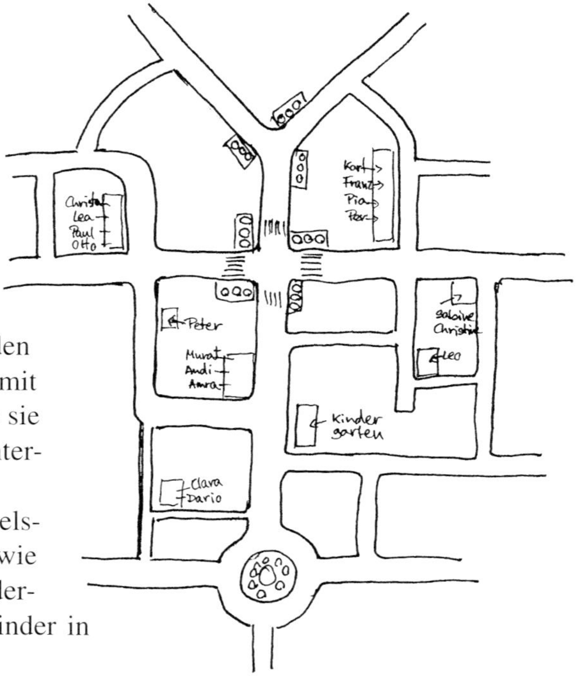

- Wer hat ein Stück weit den gleichen Weg zum Kindergarten wie ich?
- Wer wohnt am weitesten vom Kindergarten weg?
- Wer hat den kürzesten Weg?
- Wo wohnen meine neuen Freunde?

Anhand des Plans erzählen die Kinder, wie lange sie von zu Hause bis zum Kindergarten unterwegs sind, ob sie zu Fuß gehen oder mit dem Laufrad, Roller oder Fahrrad fahren. Manche benutzen auch den Bus oder die Straßenbahn, oder sie werden mit dem Auto gebracht. Interessant ist auch, ob sie von jemandem begleitet werden oder sich unterwegs mit anderen Kindern treffen.

Um die jeweiligen Entfernungen, die Himmelsrichtungen und die Gemeinsamkeiten sowie Unterschiede der einzelnen Wege zum Kindergarten zu verdeutlichen, stellen sich die Kinder in verschiedenen Gruppen auf:

- In einer Gruppe sammeln sich alle, die zu Fuß kommen, in einer anderen alle, die mit dem Auto kommen usw.
- Alle, die in der gleichen Straße wohnen, stellen sich zusammen.
- Alle Kinder, die südlich der Kindertagesstätte wohnen, stellen sich in den Süden, diejenigen, die östlich davon zu Hause sind, in den Osten usw. Die Erzieherin stellt sich in die Mitte und symbolisiert damit die Kindertagesstätte.
- Alle stellen sich entsprechend der Länge ihres Wegs zur Kindertagesstätte auf: Diejenigen, die den kürzesten Weg haben, stehen ganz eng bei der Erzieherin, und je weiter weg sie wohnen, desto weiter weg stehen sie von ihr.

Spielerische Verkehrserziehung

Schon beim Spielen im Kindergarten können die Verkehrsregeln Schritt für Schritt eingeübt werden, das Thema „Straßen und Autos“ taucht immer wieder auf.

Die Achterbahn

Material:
große Papierbögen (mind. DIN A2), Wachsmalkreiden

Die Kinder malen mit Wachsmalkreiden eine große liegende Acht. Diese „Achterbahn“ ist eine einfache Verkehrskreuzung, an der man gut die Vorfahrtsregeln lernen kann. Gleichzeitig sehen die Erzieher, ob die Kinder in der Lage sind, eine schwungvolle „liegende Acht“ zu malen. Dies zeigt nämlich, dass die Augen der Kinder die Mittellinie überkreuzen können und die beiden Gehirnhälften gut miteinander verknüpft sind – ein im Vorschulalter besonders wichtiger Entwicklungsschritt: Kinder, die diese „liegende Acht“ malen können, haben deutlich weniger Probleme beim Schreiben. Beim Malen wird folgender Spruch aufgesagt:

Die Achterbahn
Mit dieser riesengroßen Acht,
da hab ich mir was ausgedacht.
Diese Acht ist eine Bahn,
auf der ich prima fahren kann.
Als Fahrzeug nehm ich mir 'ne Kreide
und saus herum, das ist 'ne Freude.
Zum Schluss hab ich 'ne bunte Acht,
so hab ich mir das ausgedacht.
überliefert

Als Nächstes kann man mit den Kindern auch außergewöhnliche Ideen dazu sammeln, was man mit einem Auto oder im Verkehr so alles machen könnte! In unserem Kindergarten ist z. B. die Idee entstanden, ein Auto wie die Künstler Christo und Jeanne-Claude zu verpacken!

Ein Verkehrsübungsplatz im Hof

Wenn wir fahren

Wenn wir fahren, rollen Räder,
rollen Räder immerfort.
Auto, Fahrrad, Eisenbahn
tragen uns von Ort zu Ort.
Auf den Straßen, auf den Schienen
rollen Räder durch die Stadt.
Wer war wohl der kluge Mann,
der das Rad erfunden hat?

Werner Halle

Material:
Straßenkreide, Pappe, Farben

Für den Verkehrsübungsplatz zeichnet man im Hof der Kindertagesstätte mit Kreide Wege und Straßen auf. Zebrastreifen und auf Pappe gemalte Ampeln ergänzen das Straßenbild. Dann erhalten die Kinder kleine Aufträge, bei denen sie unter Beachtung der Verkehrsregeln

(Ampeln, Zebrastreifen usw.) einen bestimmten Weg ablaufen müssen, also z.B.: „Bring bitte einen Brief zur Post" oder „Hole bitte Brötchen vom Bäcker" usw.
Dabei ist die Fähigkeit der Kinder gefragt, sich orientieren zu können und zugleich dabei auch die Verkehrsregeln beachten zu können. Sie lernen auf diese Weise spielerisch, dass sie gut links und rechts schauen müssen, bevor sie eine Straße überqueren. Dazu hilft auch folgender Vers:

Erst links, dann rechts, dann geradeaus,
so komm ich sicher gut nach Haus!

Auch das Warten an der Ampel, bis das Grün für die Fußgänger aufleuchtet, muss geübt werden. Folgende Varianten der Verkehrsübung sind möglich: Mehrere Kinder bekommen Aufträge und sind gleichzeitig unterwegs. Die Kinder können die Wege auch mit Dreirad, Roller oder dem Laufrad zurücklegen.
Bei kleinen Ausflügen und Erkundungen in der näheren Umgebung können die Erzieherinnen das richtige Verhalten der Kinder im Straßenverkehr weiter einüben und überprüfen.

Bus, Straßenbahn und U-Bahn

Das Benutzen von öffentlichen Verkehrsmitteln kann für alle Kinder und die begleitenden Erwachsenen ein spannendes Erlebnis werden. Als Einführung dazu bietet sich folgendes Spiel an:

Eine Busfahrt im Kindergarten

Die Kinder lieben es, Auto- oder Busfahrer zu spielen. Mit einer langen Stuhlreihe werden dabei die Sitze im Bus dargestellt, der Fahrer ahmt mit dem Mund das Motorengeräusch nach, sagt die Haltestellen an und lässt die Fahrgäste ein- und aussteigen. Er kündigt enge Kurven an und weist darauf hin, was es draußen alles zu sehen gibt. Dazu wird das Spiellied „Die Busfahrt“ gesungen, das alle Passagiere mit den passenden Bewegungen und Gesten begleiten:

Die Busfahrt

überliefert

2. Und die Türen von dem Bus, die gehen auf und zu, auf und zu …
3. Und der Fahrer von dem Bus, der sagt: „nach hinten gehen …“
4. Und die Babys in dem Bus, die machen „wäh, wäh, wäh …“
5. Und die Omas in dem Bus, die machen „pst, pst, pst …“
6. Und die Kinder in dem Bus, die machen hopp, hopp, hopp …
7. Und die Mamas in dem Bus, die machen „ratsch, ratsch, ratsch …“
8. Und die Papas in dem Bus, die zeigen dies und das …

Unterwegs mit Bus und Straßenbahn

In der Stadt

Fahr ich mit der Straßenbahn,
schau die vielen Häuser an,
schnell, schnell, eins zwei drei,
wieder eins vorbei.

Fahr ich mit dem Autobus,
wo der Fahrer steuern muss,
Straßen kreuz, Straßen quer,
alles voll Verkehr.

Alles eilt und alles rennt.
Ob da irgendwo was brennt?
Aber nein, aber wo!
Das ist immer so.

Doris Mühringer

Eine kleine Fahrt mit dem Bus oder der Straßenbahn ist auch für die Erzieherinnen aufregend: Sind alle Kinder eingestiegen? Sitzen alle und steigen alle an der richtigen Haltestelle wieder aus? Unter Umständen kann man bei den Eltern anfragen, ob sich jemand bereit erklärt, die Kinder bei ihrem Ausflug mit den öffentlichen Verkehrsmitteln zu begleiten. Ganz wichtig ist es auch, die notwendigen Regeln vorher miteinander abzusprechen. Eine Fahrt mit Bus, Stra-

ßenbahn oder U-Bahn bietet eine gute Möglichkeit, Entfernungen für die Kinder erlebbar zu machen:
Man fährt z. B. eine Station und geht dann die gleiche Strecke zu Fuß zurück. Wie lange hat die Fahrt mit dem Bus oder der Straßenbahn gedauert? Wie lange braucht man für die gleiche Strecke zu Fuß? Was konnte man alles vom Bus aus beobachten, und was auf dem anschließenden Fußweg? Auch in einer Stadt mit U-Bahn kann man dieses Experiment machen. Die U-Bahn ist besonders schnell, der Fußweg zwischen zwei Stationen dauert lange. Weil man unter der Erde nicht sehen kann, wo man sich gerade befindet, können alle gemeinsam über der Erde überlegen, wo genau die U-Bahn-Strecke verläuft und dazu einen Stadtplan zu Hilfe nehmen. Fährt die U-Bahn unter der Straße, unter den Häusern oder sogar unter dem Fluss?

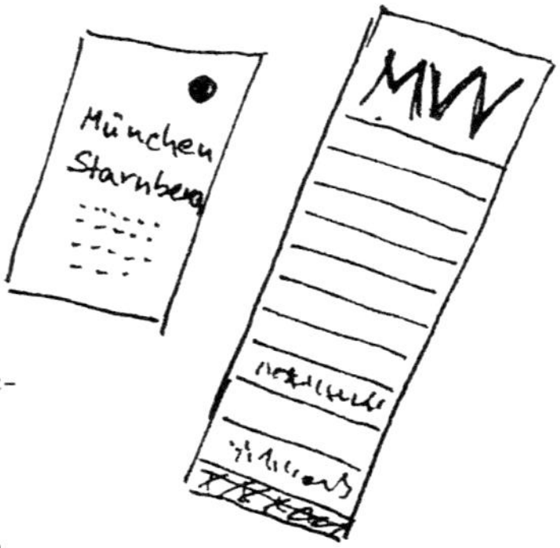

Im Straßenbahn- oder Busdepot

Die Straßenbahn

Warum blickt die Straßenbahn
alle Kinder traurig an?
Ach, denkt sie, ich fahre nur
immer in derselben Spur,
immer nur im Kreis herum:
Bahnhof, Zoo, Aquarium.
Hermann Multhaupt

Wollen die Kinder den Bus oder die Straßenbahn einmal genau anschauen, dann ist ein Besuch mit der Gruppe im Depot das Richtige. Dort kann man genau beobachten, wie viele Knöpfe der Fahrer zu bedienen hat und wie viele Lämpchen blinken, und vielleicht dürfen die Kinder auch mal selber eine Türe öffnen oder ausmessen, wie lang und breit so ein Bus oder eine Bahn ist.

Der Schaffner

Früher hatte in allen Fahrzeugen des öffentlichen Nahverkehrs der Schaffner eine wichtige Funktion. Heute können die Kinder ihn nur noch im Zug erleben, in Bussen, Straßenbahnen oder U-Bahnen gibt es lediglich noch den Fahrer und die Kontrolleure. Den Schaffner zu spielen ist trotzdem nach wie vor beliebt. Früher hat der Schaffner die Fahrkarten bei der Kontrolle geknipst, d. h. gelocht, heute stempeln wir sie selbst am Automaten ab. Beides ist für die Kinder interessant. Im Spiel geht der „Schaffner" durch den aus Stuhlreihen bestehenden Bus (s. oben, S. 55) und sagt: „die Fahrkarten bitte!" Alle Passagiere müssen dann ihre Karten herzeigen, die vom Schaffner kontrolliert und gelocht werden. Wer keine gültige Fahrkarte hat, muss eine Strafe zahlen (z. B. ein Pfand abgeben).

Naturräume in der Stadt

Spielplätze und Parks, die zu Fuß erreichbar sind, sind für Stadtkinder ein wichtiger Bereich. Wie die Ufer von Flüssen und Seen gehören sie zu den naturnahen Räumen in der Stadt und bieten viel Platz zum Laufen, Spielen, Bewegen und Erholen.
Das Platzangebot beschränkt sich in vielen städtischen Kindergärten auf die Innenräume. Damit die Kinder auch hier ausreichend Bewegungsmöglichkeiten haben, gehört der Weg zum Spielplatz oder zum Park für viele Gruppen zum Tagesablauf. Dort sind ungehinderte Bewegung, Gruppenspiele und ausgedehntes Freispiel ebenso möglich wie das Erforschen der Natur.
Auch das kreative Bauen und Werken ist auf dem Spielplatz oder im Park gut möglich.
Viele Anregungen dazu finden Sie in unserem Buch *Spielraum Wald. Praxisideen und Spiele für Kindergruppen* (Don Bosco Verlag, München 2004). Aber auch ein gemütliches Picknick bei einem Aufenthalt im Park macht Spaß!

Gruppenspiele auf Spielplätzen oder in Parks

Spielplätze und Parks sind ein idealer Ort für das Freispiel der Kinder. Die Erzieherinnen haben dabei die Gelegenheit, die Interaktion in der Gruppe zu beobachten. Auch für bewegungsorientierte Gruppenspiele ist hier ausreichend Platz. Die Geräte auf Spielplätzen können mit in die Spiele einbezogen werden.

Fangspiele

Versteinern
Versteinern ist schon bei den Kleinen ein beliebtes Fangspiel. Jeder, der vom Fänger berührt wird, bleibt auf der Stelle wie versteinert stehen. Er kann jedoch von einem freien Mitspieler wieder durch Abklatschen erlöst werden.

Paarfangen
Die Kinder stellen sich zunächst paarweise zusammen. Ein Paar übernimmt die Rolle des Fängerpaars und darf bestimmen, wo die übrigen Paare „zusammengewachsen“ sind, also z. B. an den Händen halten, an den Schultern, an den Füßen berühren etc. Das Fängerpaar muss sich auf die gleiche Art und Weise bewegen! Dasjenige Paar, das gefangen wird, ist in der nächsten Runde das neue Fängerpaar.

Kreisfangen
Die Kinder bilden zunächst zwei Gruppen. Die eine Gruppe fasst sich an den Händen und bildet so eine Kette, die anderen Kinder verteilen sich in einem kleinen, abgegrenzten Gebiet. Nun muss die Kette versuchen, die anderen zu fangen. Wenn ein Kind eingeholt ist,

dann schließt sich die Kette um dieses Kind herum schnell zum Kreis. Das gefangene Kind versucht, sich aus dem Kreis zu befreien. Wer nicht herauskommt, schließt sich den Fängern an.

Auf dem Spielplatz

Text und Musik: Stephen Janetzko

2. *Auf der Schaukel, der Schaukel,*
da schaukel ich gleich los.
Auf der Schaukel, der Schaukel,
da fühle ich mich groß.
Auf der Schaukel, der Schaukel,
da bin ich gleich dabei.
Ich schaukel, schaukel, schaukel
und ich fühl mich frei!

3. *Auf der Wippe, der Wippe,*
da wippe ich gleich los.
Auf der Wippe, der Wippe,
da fühle ich mich groß.
Auf der Wippe, der Wippe,
da bin ich gleich dabei.
Ich wippe, wippe, wippe
und ich fühl mich frei!

4. *Auf der Rutsche, der Rutsche,*
da rutsche ich gleich los.
Auf der Rutsche, der Rutsche,
da fühle ich mich groß.
Auf der Rutsche, der Rutsche,
da bin ich gleich dabei.
Ich rutsche, rutsche, rutsche
und ich fühl mich frei!

5. *Wenn ich kletter, ich kletter,*
dann kletter ich gleich los.
Wenn ich kletter, ich kletter,
da fühle ich mich groß.
Wenn ich kletter, ich kletter,
da bin ich gleich dabei.
Ich kletter, kletter, kletter,
und ich fühl mich frei!

Ein Spaziergang durch den Zoo

In einer Geschichte über einen Zoospaziergang können viele „Tiere“ vorkommen, welche die Geräte auf dem Spielplatz nutzen:

- Die Elefanten balancieren kunstvoll über Baumstämme.
- Die Bären klettern auf die Rutschbahn und sausen wieder herunter.
- Die Hasen buddeln ein tiefes Loch in den Sand.
- Die Steinböcke klettern auf einen Berg.
- Die Affen klettern am Klettergerüst um die Wette.
- Die Giraffen recken ihre Hälse und fahren Karussell.
- Die Tiger schleichen um den Sandkasten.

- Die Löwen gehen auf die Wippe.
- Die Papageien setzen sich nacheinander auf die Schaukel.

Das Freispiel

Das Freispiel gewinnt heute immer mehr an Bedeutung. Unsere Kinder sind ständig unglaublich vielen Reizen ausgesetzt, und um dies verarbeiten zu können, benötigen sie Freiraum und freie Zeit, in der keine Aktivitäten angeleitet und keine Anforderungen gestellt werden – Zeit und Raum also, um nur aus sich heraus spielen und gleichzeitig lernen und verarbeiten zu können.
Während des Freispiels ist der Erwachsene – egal, ob Elternteil, Gruppenleiter oder Erzieher – nur Beobachter bzw. Begleiter. Das Kind hat hier also den unbeschränkten Freiraum, in der von ihm benötigten Zeit, in seinem eigenen Rhythmus und mit den allein von ihm ausgewählten Dingen und Personen das zu tun, was gerade seinem Bedürfnis entspricht.
Dabei nutzen die Kinder unbewusst die Zeitfenster für das Freispiel, in denen sie etwas besonders leicht erlernen und nehmen sich dabei Zeit für so viele Wiederholungen, wie sie brauchen. Sie lernen also im eigenen Tempo und gewinnen damit allmählich Sicherheit. Die freie Wahl des Spielpartners ermöglicht ihnen, die Kontaktaufnahme und – bei einer Ablehnung – auch den Umgang mit Frusterlebnissen einzuüben.
Wenn wir Kinder beim Freispiel beobachten, erleben wir ihre erstaunliche Kreativität: Sie spielen in Rollenspielen Situationen nach, probieren Bewegung aus, testen ihren Mut, träumen oder tun nichts. Dies alles ist in Ordnung und hilft dem Kind, sich gesund zu entwickeln. Die Erwachsenen können sehr viel über die Kinder erfahren, wenn sie sie beim Freispiel genau beobachten.

Die moderne Stadt

Eine moderne Stadt besteht nicht nur aus Häusern, Verkehrswegen, Spielplätzen und Parks; zu den für Kinder interessanten „Spiel- und Lernräumen“ einer Stadt gehören z. B. auch:

- die Stadtverwaltung, d. h. Rathaus, Stadtrat und Bürgermeister
- die Versorgungssysteme, also das Wasser- und Abwassersystem, das Strom- bzw. Energienetz und die Müllentsorgung
- Bahnhof, Polizei und Feuerwehr

Die Stadtverwaltung

Jede Stadt muss auch verwaltet werden, damit alles reibungslos funktioniert! Um die Kinder langsam an das Gesamtsystem „Stadt“ heranzuführen, kann man zu Beginn Fragen wie die folgenden diskutieren:

- Wer baut und pflegt die Spielplätze?
- Wer baut und repariert die Straßen?
- Wer bestimmt über das Geld der Stadt?
- Wer trifft die Entscheidungen?

Der „Kopf" der Stadt sitzt im Rathaus. Viele Kinder kennen die Begriffe „Bürgermeister", „Stadtrat" oder „Verwaltung" – aber was verbirgt sich eigentlich genau hinter ihnen?
Im Gespräch wird gesammelt, was die Kinder bereits darüber wissen. Als Nächstes kann die Erzieherin z. B. eine Stadträtin oder einen Stadtrat in den Kindergarten einladen, die/der dann aus seiner Arbeit erzählt und von der Gruppe befragt wird.

Ein Besuch im Rathaus

Wenn die Möglichkeit dazu besteht, sollte man mit den Vorschulkindern auch das Rathaus besuchen. Im Vorfeld dazu werden die Fragen der Kinder zur Stadtverwaltung ebenso gesammelt wie die Wünsche, welche die Kinder bezüglich der Stadtplanung in ihrem Lebensraum haben (z. B. bessere Spielplätze, mehr Radwege, sicherere Fußgängerüberwege u. v. m.). Dann besichtigen die Kinder das Rathaus, und die Mutigeren unter ihnen tragen die vorher gesammelten Fragen und Wünsche vor.
Im Anschluss an den Besuch im Rathaus wählt die Gruppe unter sich einen „Bürgermeister" und mehrere „Stadträte". Diese halten dann jeden Tag oder jede Woche eine kleine Sitzung ab, in der alle ihre Anliegen äußern können. Der „Stadtrat" berät mit dem „Bürgermeister" und entscheidet per Abstimmung über Anträge der Kinder. Fällt den Kindern dieses Spiel noch zu schwer, so können sie die Erzieherin um Unterstützung bitten. Nach einer Woche oder einem Monat werden der „Bürgermeister" und die „Stadträte" dann jeweils wieder neu gewählt.
In einem solchen „Kinderparlament" lernen die Kinder spielerisch, ihre eigene Meinung zu bilden sowie ihre Wünsche zu äußern und auch zu vertreten. Sie üben auf diese Weise auch das Zuhören und machen erste Erfahrungen mit dem demokratischen Grundprinzip. Nicht alle Wünsche können dabei verwirklicht werden, aber das, was dem gerade amtierenden „Stadtrat" wichtig erscheint, wird nach

Möglichkeit auch umgesetzt. Wer im „Stadtrat“ ist, lernt, Entscheidungen zu treffen und die Folgen dieser Entscheidungen zu tragen. Dabei sollte aber stets beachtet werden, dass der Entscheidungsbereich des „Stadtrats“ und des „Bürgermeisters“ auch altersgerecht ist.

Die Versorgungssysteme

Die Beschäftigung mit den Themen „Trink- und Abwasser“, „Strom“, „Heizung“ und „Müll“ weckt schon bei kleinen Kindern das Bewusstsein für einen sorgsamen Umgang mit den Ressourcen.

Woher kommt das Wasser, das aus dem Wasserhahn läuft, und wohin verschwindet es? Woher kommt der Strom für das Licht? Warum wird ein Heizkörper warm? Was passiert mit dem Müll, den wir in den Abfall werfen? – Kinder besitzen eine natürliche Neugier für diesen Themenbereich, die man spielerisch aufgreifen kann. Sie stellen dazu viele Fragen, aber unsere Antworten sind oft nicht befriedigend.
Im Rahmen der Beschäftigung mit diesem Thema sollte die Gruppe, wenn möglich, auch eine der folgenden Einrichtungen besichtigen:

- Wasserwirtschaftsamt
- Trinkwasserreservoir
- Kläranlage
- Elektrizitätswerk, Windpark oder Solarfeld
- Heizkraftwerk
- Müllabfuhr, Müllsortierung oder Müllverbrennung

Der Wasserkreislauf in Haus und Stadt

Zum Bereich „Wasserkreislauf" kann man eine Vielzahl von Aktionen und Spielen durchführen:

- Wie schon im Kapitel „Unser Haus – unser Kindergarten" beschrieben (siehe S. 12) , können die Kinder die Wege des Wassers durch den Kindergarten erforschen.
- Dann wird der Frage nachgegangen: „Woher kommt das Wasser?" Die Trinkwasserversorgung ist in jeder Stadt verschieden aufgebaut: Es gibt z. B. Grundwasser- oder Quellwasserversorgung, und in manchen Städten muss das Wasser erst aufbereitet werden.
- Bei einem Besuch im Trinkwasserreservoir der Stadt kann man über die riesigen wassergefüllten Becken mit dem unvorstellbar großen Durchlauf staunen, die zur Wartung sogar mit Booten befahren werden!
- Experimente mit durchsichtigen Schläuchen, durch die die Kinder erst Murmeln und später Wasser schicken (das mit Trichtern eingefüllt und in einer Wanne wieder aufgefangen wird), zeigen, dass das Wasser bei dem richtigen Gefälle ganz von alleine läuft.

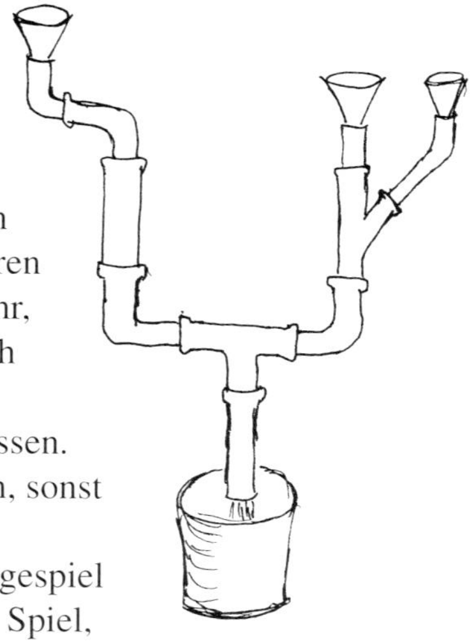

- Die Kinder können auch ein eigenes Abwassersystem verlegen. Mit Abfallstücken von Abwasserrohren werden komplizierte Leitungsnetze – mit Abzweigungen, mehreren Zuläufen usw. – gebaut. Alles endet in einem großen Rohr, genau wie das richtige Kanalsystem, das sich unterirdisch durch die Stadt zieht. Durch dieses Abwasserrohrsystem kann man dann auch Kastanien, Murmeln o. Ä. laufen lassen. Bleibt etwas stecken, dann muss etwas umgebaut werden, sonst gibt es eine Verstopfung!
- Als Anregung für die folgende Aktion kann das Kartenlegespiel „Rohre verlegen" dienen: Die Gruppe bastelt ihr eigenes Spiel,

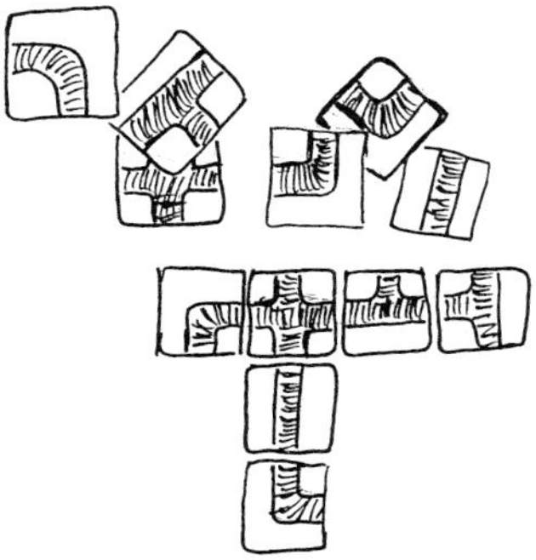

indem auf gleich große, quadratische Karten verschiedene Rohrwege gemalt und diese dann – ähnlich wie beim Dominospiel – passend aneinandergelegt werden.

- Hat die Kindertagesstätte einen Garten oder Hof oder gibt es in der Nähe einen Spielplatz mit Wasserpumpe, dann ist es der größte Spaß, das von den Kindern gebaute Rohrsystem dort mit Wasser zu testen. In Einzelteilen wird es dorthin transportiert, vor Ort zusammengebaut, und los geht's!

Bei den eben beschriebenen Aktionen lernen die Kinder zu kombinieren (was passt zusammen?), erleben, was funktioniert und was nicht, und können ihr Rohrleitungssystem durch Ausprobieren verbessern. Nebenbei erfahren sie, woher das Wasser kommt und dass es in der Kanalisation verschwindet.

- Wertvolles Nass: In vielen Ländern gibt es jedoch überhaupt keine oder nur eine mangelhafte Wasserversorgung. Die Menschen, meist die Kinder, müssen dort das Wasser an einem Brunnen oder Fluss holen. Sie pumpen es nach oben und tragen es oft viele Kilometer weit nach Hause. Da wird der Wert des Wassers eher deutlich als bei uns, wo es scheinbar endlos aus dem Hahn fließt. Vielleicht gibt es in der Gruppe Kinder, die Brunnen und Wasserstellen aus ihrem Herkunftsland kennen und darüber berichten können.
- Die Kostbarkeit des Wassers zu erleben hat für unsere Kinder eine große Bedeutung. Der Besuch eines Ortes (z. B. Heimatmuseum, Bauernhof mit Zisterne und Wasserpumpe etc.), an dem alles Wasser, was verbraucht wird, zuerst gepumpt werden muss und auch nur in eingeschränkter Menge (abhängig vom Niederschlag) vorhanden ist, macht den Kindern die große Bedeutung des Wassers bewusst. Das ist ein erster Schritt zur Entwicklung des Umweltbewusstseins!

Die Energieversorgung

Ein Druck auf den Lichtschalter oder ein Dreh am Herdschalter, und der Strom fließt, das Licht brennt oder die Herdplatte wird heiß. Nicht nur das Licht und viele Geräte im Haushalt sind vom Stromfluss abhängig, sondern oft auch die Heizung! Bei einem längeren Stromausfall in der Stadt funktioniert vieles nicht mehr.

Ein Tag ohne Strom
Eine spannende Erfahrung für die Kinder ist es, einmal einen Tag ohne Strom zu erleben! Erst, wenn uns bewusst wird, wofür wir alles den Strom brauchen, begreifen wir auch, dass wir achtsam mit der Energie umgehen müssen. Ein Tag ohne Strom bedeutet: Kerzenlicht, kaltes Essen, kalte Getränke, kein warmes Wasser …

Finkel, fankel, funkel
Finkel, fankel, funkel,
die ganze Welt ist dunkel.
Da zünd ich meine Kerze an,
ihr Licht scheint hell,
ihr Licht scheint warm.
überliefert

In gemütlicher Runde bei Kerzenlicht erzählen die Kinder, was sie über den Strom und das Licht wissen. Woher kommt der Strom eigentlich, und wie war das wohl früher? Früher konnte man noch sehen, wie der Strom mit Kabeln über das Dach ins Haus geleitet wurde, überall standen Strommasten, die die Kabel hielten. Heute sind die Kabel unter der Erde verlegt und es ist schwierig ihren Weg zu verfolgen.

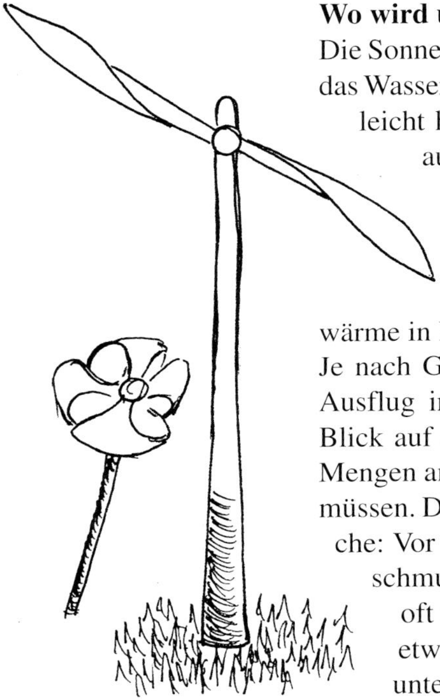

Wo wird unser Strom gemacht?
Die Sonne spendet uns Wärme, sie wärmt auch die Erde, die Luft und das Wasser – diese Energie müssen wir richtig zu nutzen lernen. Vielleicht hat jemand aus der Gruppe zu Hause Sonnenkollektoren auf dem Dach, oder es gibt die Möglichkeit, im Kindergarten einen kleinen Sonnenkollektor am Fenster anzubringen. Durch die direkte Nutzung der Sonne (zum Erwärmen von Wasser oder zum Antreiben von Spielzeug) erleben die Kinder die Umsetzung von Sonnenwärme in Heiz- oder Bewegungsenergie.
Je nach Gegend wird der Strom sehr unterschiedlich erzeugt. Ein Ausflug in einen Windpark, zu einem Wasserkraftwerk oder der Blick auf ein Atomkraftwerk schaffen Bewusstsein für die großen Mengen an Strom, die für den Verbrauch einer Stadt erzeugt werden müssen. Dabei kommt auch die Verschwendung von Strom zur Sprache: Vor allem in der Stadt gibt es z. B. die sogenannte „Lichtverschmutzung" durch Unmengen an Leuchtreklame, übertriebene, oft auch nach oben abstrahlende Straßenbeleuchtungen oder etwa auch die Laserlichter bei Discos. Wenn man nachts unterwegs ist, kann man die Städte schon aus großer Entfernung an der Lichtkuppel erkennen, die sie abstrahlen.
Energieerzeugungsmethoden, wie z. B. Wind- oder Wasserkraft, können die Kinder im Kleinen beim Bau von Wind- oder Wasserrädern erleben.

Die Müllentsorgung

In einer Stadt werden unglaubliche Mengen Müll produziert. Wo kommt er hin? Auch die Abfallentsorgung sieht in jeder Stadt etwas anders aus: Da gibt es die Mülltrennung durch die Haushalte selbst, die Mülltrennung in den Wertstoffhöfen usw.

Mülltrennung

Die Kinder sollten darauf achten, möglichst wenig Müll zu produzieren und den anfallenden Müll getrennt zu sammeln, wie es in der Stadt üblich ist. Müll vermeiden, Müll trennen, Müll entsorgen – das können schon kleine Kinder gut!

Kreative Abfallverwertung

Gemeinsam überlegt die Gruppe, welcher Müll noch verwertet werden kann:

- Aus Papprollen entstehen Fernrohre, Kugelbahnen und Blasinstrumente.
- Aus Schuhkartons werden wunderschöne Häuser, Schatztruhen und Wunderkammern.
- Aus Walnussschalen kann man Kastagnetten oder Kerzenschiffchen basteln.
- Leere Klopapierrollen kann man z.B. anmalen und zu einer Raupe zusammenbinden.
- Ausrangierte Schläuche aus PKW- und LKW-Reifen sind hervorragend für eine Bewegungsbaustelle geeignet: Sie lassen sich gut rollen und auftürmen oder mit einem darüber gelegten Brett auch als wacklige Brücke nutzen.
- Aus verschiedenen Konservendosen und großen Pappröhren kann man z.B. Trommeln basteln.
- Auf einen Draht aufgefädelte Kronkorken dienen als Rassel.
- Runde Käseschachteln sind ideal als Laternenboden verwendbar.
- usw.

Das Müllabfuhrspiel

Beim Müllabfuhrspielen hat die ganze Gruppe sicherlich großen Spaß: Einige Kinder übernehmen die Rolle der Müllautos, die anderen stellen die Mülltonnen dar. Sie werden von den Müllautos der Reihe nach abgeholt und zur Müllstation gebracht, wo sie auf einem großen Haufen abgestellt werden. Besonders viel Spaß macht dieses Spiel, wenn jemand eine Sackkarre oder eine Schubkarre mitbringt, auf der die Mülltonnen gut transportiert werden können.

Was ist noch wichtig in der Stadt?

Es gibt noch viele andere Einrichtungen, die für die moderne Stadt eine große Bedeutung haben, zu unserer Sicherheit und zum angenehmen Leben beitragen. Manche davon sind für Kinder besonders wichtig oder interessant.

Der Bahnhof

Der Bahnhof ist ein ganz besonderer Platz in einer Stadt. Auch wenn heute die meisten Menschen mit dem Auto unterwegs sind oder mit dem Flugzeug in den Urlaub fliegen, herrscht doch auch am Bahnhof eine weltoffene, geschäftige Atmosphäre. Von hier aus ist sozusagen die ganze Welt erreichbar. Es ist richtig spannend zu beobachten, wie einfahrende und ausfahrende Züge Menschenmengen ausspucken oder aufnehmen, was die Lautsprecherdurchsagen bedeuten, wie die Angaben auf den automatischen Fahrplantafeln sich immer wieder ändern, wie man mit einem Kofferkuli fährt und vieles mehr. Man kann die Kinder dazu anregen, sich Geschichten auszudenken, wohin wohl all die Menschen fahren oder woher sie kommen, wie lange sie unterwegs sind und was sie auf der Fahrt alles erleben. Vielleicht gibt es ja auch die Möglichkeit, einmal eine echte Lokomotive zu besichtigen!

Polizei und Feuerwehr

Polizei und Feuerwehr gehören in jedes Stadtbild und nehmen im Spiel der Kinder eine wichtige Rolle ein. Beide Einrichtungen sind in der Regel auch offen für Besuche durch die Kindergartenkinder und stellen gerne ihre Arbeit vor.
So hat es sich bewährt, einen Polizeibeamten in den Kindergarten einzuladen, der den Kindern dann z. B. auch im Rahmen der Verkehrserziehung (siehe S. 52ff.) zeigen kann, worauf sie auf der Straße achten müssen. Polizisten sind für die Kinder Autoritätspersonen – allein schon die Uniform ruft bei ihnen einen gewissen Respekt hervor. Dadurch werden die Verkehrsregeln oft leichter angenommen, die Kinder können ihre Fragen an die dafür offiziell zuständige Stelle richten und bekommen klare Antworten. Besonders interessant ist es außerdem, so ein Polizeiauto mal von innen inspizieren zu können!

Auch ein Besuch bei der Feuerwehr ist mit Sicherheit ein großes Highlight für die Gruppe. Die tollen Feuerwehrautos mal von ganz nah zu sehen, die hohen Rettungsleitern, die langen Wasserschläuche und die wichtige Schutzkleidung, die geordnet im Feuerwehrhaus zum schnellen Anziehen bereithängt – all das ist sehr spannend für die Kinder. Die Krönung ist eine Fahrt im Feuerwehrauto und eine Wasserspritzaktion, bei der jedes Kind mal mit dem Schlauch auf ein Ziel spritzen darf.

Polizei und Feuerwehr

Text und Musik: Stephen Janetzko

2. Ich hatte einen Traum:
Die Katze saß im Baum.
Und wer kam ganz schnell her?
Na klar, die Feuerwehr!

3. In jedem schönen Land
hat's auch schon mal gebrannt.
Ob Waldbrand oder mehr:
Wer kommt? Die Feuerwehr!

4. Hat's irgendwo geknallt,
hat jemand nicht bezahlt,
und ärgert dich ein Hai …
kommt gleich: Die Polizei!

Die Geschichte unserer Stadt

Zu einer Stadt gehört auch deren Geschichte, und für die Kinder soll auch dieser Bereich lebendig werden. Die meisten Städte in Europa können auf eine mehrere hundert oder gar tausend Jahre alte Geschichte zurückblicken. Die Entstehung von Städten hängt meist mit Faktoren wie dem Vorkommen von Bodenschätzen oder einer günstigen Verkehrslage zusammen. Aus einer kleinen Ansiedlung wuchs dann im Laufe der Jahrhunderte an diesem Ort eine große Stadt heran. Es gibt aber auch Städte, die „auf dem Reißbrett" geplant wurden. Sie haben meist einen ganz regelmäßigen Grundriss und gerade Straßen, die schachbrettartig verlaufen. Hier kann das Betrachten des Stadtplans dazu dienen, einen Einstieg in die Geschichte der Stadt zu finden. Auch Denkmäler, Gebäude, Plätze und die ganze übrige Architektur sind Zeugen der jahrhundertelangen Geschichte und Entwicklung einer Stadt. Im Rahmen ihrer Erkundungen in der Stadt stößt die Gruppe immer wieder auf solche alten Bauwerke, Kirchen, Türme, Denkmale, Stadtmauern, Stadttore oder besonderen Gebäude von berühmten Architekten oder Baumeistern.

Die Geschichte ihrer Stadt sollte den Kindern in kleinen Häppchen und angereichert mit netten und spannenden Geschichten oder Anekdoten vermittelt werden, die in Bezug zu einem konkreten Platz, Gebäude oder Denkmal stehen. Kann man das Thema „Stadtgeschichte" überdies mit einer praktischen Arbeit oder einem Spiel verbinden, dann wird Geschichte lebendig und bleibt den Kindern im Gedächtnis. Sie beginnen sich dafür zu interessieren, wie es in der Stadt früher aussah, bevor es Autos, Busse und Straßenbahnen gab. Wie haben die Menschen eigentlich gelebt, bevor es Strom, fließendes Wasser oder die Kanalisation gab?
Die Gruppenleiterin wird sicher einige Anekdoten finden, die den Kindern die Vergangenheit plastisch vor Augen führen. Zudem werden heute oft auch sehr spannende themenspezifische Stadtführungen angeboten, manchmal auch speziell für Kinder, und da kann man sich sicherlich viele Ideen holen.

Denkmäler und Sehenswürdigkeiten

Bei den Ausflügen in die Stadt besucht die Gruppe immer ein Denkmal oder ein besonderes Gebäude. Alle Plätze, die schon besucht wurden, werden im Stadtplan gekennzeichnet.

Denkmäler

An vielen Denkmälern läuft man vorbei, ohne zu wissen, wen sie darstellen und warum sie in dieser Stadt stehen. Hier einige Anregungen, wie man den Kindern die Bedeutung der Denkmäler näherbringen kann:

- Beim gemeinsamen Betrachten des Denkmals werden die Kinder dazu animiert, auszudrücken, wie die dargestellte Person auf sie wirkt – stark, mächtig, müde, traurig, lustig, stolz u. v. m. Alle Kinder versuchen, die gezeigte Pose nachzumachen und überlegen, wie sie sich dabei fühlen.
- Die Gruppenleiterin macht Fotos von den Kindern und dem Denkmal, die später im Gruppenraum aufgehängt werden.
- Zum Schluss bietet es sich an, eine auf das Denkmal bezogene, spannende oder lustige Geschichte zu erzählen. Die Kinder können nun vergleichen, ob ihr Gefühl dem Motiv, aus dem heraus das Denkmal entstand, entspricht.

Kirchen

Auch die Kirchen in einer Stadt sind Zeugen für deren Alter und Geschichte. An ihnen kann man mit den Kindern die unterschiedlichen Baustile, von der Romanik über die Gotik bis zum Barock und der Moderne, studieren. Wer selbst an Kunstgeschichte interessiert ist, kann den Kindern anhand der Baustile die Veränderung im Denken der Menschen im Lauf der Jahrhunderte vermitteln. Einzelne Elemente in den Kirchen, wie z. B. die Form der verwendeten Bögen oder die Gestaltung des Altars, geben dabei Aufschluss über die architektonische, bautechni-

sche, künstlerische und geistige Entwicklung. Der Bau einer Kirche dauerte oft mehrere Jahrhunderte, weshalb sich manchmal in ein und derselben Kirche verschiedene Stile wiederfinden, so etwa romanische und gotische Fenster, Bögen und Säulen. Spielerisch stellen die Kinder z. B. die Form der Säulen nach und erhalten dadurch Einblicke in das Lebensgefühl der jeweiligen Epoche und die zeitbedingten Unterschiede in der Haltung der Menschen gegenüber Gott.

Kirchen sind aber nicht nur Zeugen der Zeit, sondern auch heute noch Orte der Ruhe, der Meditation und der Zwiesprache mit Gott. Es ist sehr spannend zu beobachten, wie sich die Stimmung der Kinder beim Betreten einer Kirche verändert, auch wenn man vorher keine Verhaltensregeln dafür aufstellt.

Weitere architektonisch interessante Gebäude

Viele unserer Städte verfügen über eine große Anzahl von architektonisch und kunstgeschichtlich interessanten Gebäuden, angefangen von den Überresten der Römerzeit, bis hin zur modernen zeitgenössischen Architektur. In diesem Zusammenhang ist es z. B. möglich, mit den Kindern architektonische Merkmale verschiedener Baustile zu vergleichen, also etwa:

- die geschwungenen, abwechslungsreichen „Dachlandschaften" historischer Stadtkerne mit den gleichförmigen Flachdächern vieler moderner Wohn- und Zweckbauten,
- die fantasievoll gegliederten Fassaden historischer Bauten mit den einförmigen Hochhausfassaden aus den 1960er Jahren,
- die alten, untergliederten, evtl. sogar mit Rundbögen ausgestatteten Fenster mit den heute oft üblichen einflächigen Fenstern,
- Haustüren aus früheren Zeiten mit Haustüren aus unserem Jahrhundert,

- eine künstlerisch gestaltete, moderne Wohnanlage, wie etwa das Hundertwasser-Haus, mit einer einfachen Reihen- oder Hochhaussiedlung
- usw.

Dabei fällt auf, dass die Kinder oft ein instinktives Gefühl für eine am Menschen orientierte Bauweise besitzen. Das Interesse der Kinder an der Architektur lässt sich auch z. B. wecken, indem man der Gruppe Postkarten mit verschiedenen Tür- oder Fensterabbildungen vorlegt. Jedes Kind sucht sich z. B. die Karte mit der Tür oder dem Fenster aus, wo es selbst am liebsten wohnen würde, oder jeder zieht eine Postkarte und erzählt dann, wer wohl hinter dieser Türe wohnen könnte usw.
Mithilfe solcher Spiele kann man die Wohnwünsche der Kinder schnell erkennen und evtl. durch die Verwendung entsprechender gestalterischer Elemente darauf eingehen!

Unsere Stadt früher

Die Stadtgründung

Die Geschichten, die sich um die Gründung einer Stadt drehen, sind für die Kinder oft sehr interessant und verdeutlichen ihnen auf plastische Weise ein Stück Stadthistorie. Dabei hat jede Stadt ihre ganz eigene Gründungsgeschichte, egal, ob sie zur Zeit der Römer, im Mittelalter oder erst in den letzten Jahrhunderten entstanden ist. Diese Ursprünge lassen sich häufig auch am Namen der Stadt ablesen.

Geschichten zur Stadt

Die Gruppe trägt zunächst mit der Erzieherin zusammen, was die Kinder schon alles über die Stadt wissen, in der sie wohnen:

- Welche alten Gebäude der Stadt kennen die Kinder schon, und welches davon ist wohl das älteste?
- Wie wurden diese oft sehr großen Gebäude früher ganz ohne die technischen Hilfsmittel von heute gebaut?
- Wie haben die ersten Bewohner hier gelebt?
- Welche Arbeiten haben sie verrichtet?
- Wie war ihr Tagesablauf?

Auf diese Weise wird die Geschichte der Stadt langsam lebendig. Noch besser prägt sich das Gehörte ein, wenn alles, was dabei zur Sprache kommt, in Bewegungsabläufe umgesetzt wird, z. B. Steine schleppen, Wasser tragen, kochen, Glocken läuten usw.
Die Erzieherin erzählt von der tatsächlichen Stadtgründung in Form einer „Bewegungsgeschichte“. Dabei wird jeder Satz durch eine Bewegung, Gestik oder ein Geräusch unterstützt, welches alle Kinder nachahmen. Durch die Verbindung von Hören und Bewegen werden die Kinder unmittelbar in das Geschehen einbezogen und können das Gehörte und Erlebte besser behalten. Diese Art der Vermittlung von Wissen entspricht dem Prinzip des kindgerechten Lernens.

Stadt und Burg im Mittelalter

Besichtigung der Burg oder der Stadtmauer
Mittelalterliche Städte wurden oft um Burgen herum gegründet und weisen Reste dieser Burganlagen und oft auch noch der Stadtmauern auf. Bei einem Ausflug besichtigt die Gruppe die Burganlage oder die Stadtmauern bzw. was davon noch vorhanden ist. Die Kinder

erzählen, was sie dort alles entdecken, was sie damit verbinden und wie sie sich das frühere Leben auf so einer Burg oder in einer von Stadtmauern umgebenen mittelalterlichen Stadt vorstellen.

Wie das Fähnchen auf dem Turme

Wie das Fähnchen auf dem Turme
sich kann drehn bei Wind und Sturme,
so soll sich dein Händchen drehn
eine Lust, es anzusehn.
Friedrich Fröbel

Dabei heben die Kinder einen Arm und winkeln die Hand dieses Armes ab, wobei der Daumen nach oben zeigt. Die so angedeutete Fahne wird während des Spruchs immer hin und her geschwenkt.

Zum Thema „mittelalterliche Stadt" bzw. „Burg" kann man eine Menge von Aktionen durchführen; im Folgenden einige Anregungen:

Eine Burg aus Lehm oder Pappmaschee

Material:
Lehm oder Zeitungspapier, Tapetenkleister, Farbe

Die Gruppenleiterin erzählt eine Geschichte, in der sie das Leben auf einer mittelalterlichen Burg und vor allem die Funktion einer solchen Burg anschaulich darstellt. Eine Burg muss vor allem gegen Eroberung geschützt sein. Die Schilderung des Angriffs einer fremden Ritterstreitmacht auf die Burg können die Kinder spielerisch begleiten:

- Pferdegetrappel: Alle schlagen sich auf die Schenkel.
- Zugbrücke hochziehen: Alle spielen das Ziehen am Seil.
- Pfeil und Bogen schießen: wird pantomimisch dargestellt.
- Ausguck halten: Alle halten die Hände wie ein Fernglas vor die Augen.

Danach baut die Gruppe aus Lehm oder Pappmaschee gemeinsam eine uneinnehmbare Burg. Zuerst arbeitet jeder an dem Teil, das für

ihn an einer solchen Burg am wichtigsten ist. Anschließend werden alle fertigen Teile auf einem Tisch aufgebaut und gemeinsam wird überlegt, was für das Leben auf so einer Burg noch wichtig ist. Die Teile werden dementsprechend ergänzt (die Gruppe kann selbstverständlich auch mehrere Tage an der Burg arbeiten), und jeder erzählt zum Abschluss noch einmal, was er gebaut hat und was ihm dabei wichtig ist. Diese Burg kann dann bei allen Geschichten zum Thema im Mittelpunkt stehen und dabei immer wieder ergänzt und erweitert werden. Wird die Burg aus Pappmaschee geformt, kann man sie natürlich nach dem Trocknen auch noch anmalen.
Interessante Geschichten, Märchen und Sagen zum Bereich „mittelalterliche Burg und Stadt" finden sich in vielen Büchern. Am besten ist es jedoch, Geschichten auszuwählen, die von der Stadt handeln, in der die Kinder leben.

Material:
dünnes, weiches Leder, Lochzange, gute Scheren, Lederschnüre

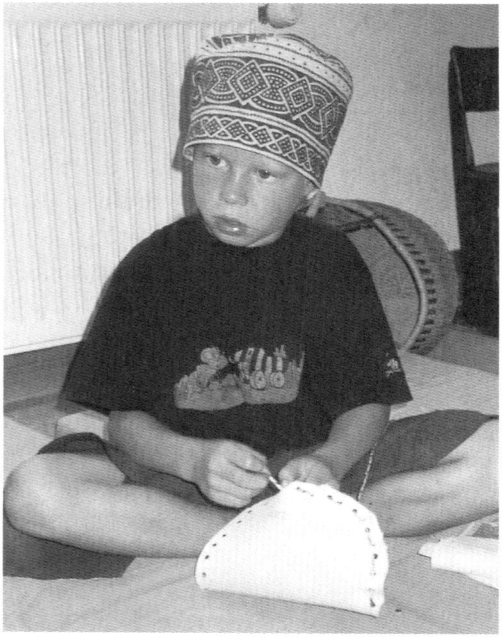

Handwerkliche Arbeiten aus dem Mittelalter
In jeder Stadt lebten auch Handwerker, die die damaligen Gebrauchsgegenstände herstellten oder reparierten. Dazu gehörten Bäcker, Kürschner (für die Lederverarbeitung), Schneider, Tischler, Schmiede u. v. m.
Einfache Gegenstände mit Bezug zum Thema „Handwerk im Mittelalter" können auch schon die Kleinen mit wenig Hilfe anfertigen, so z. B. Lederbeutel:

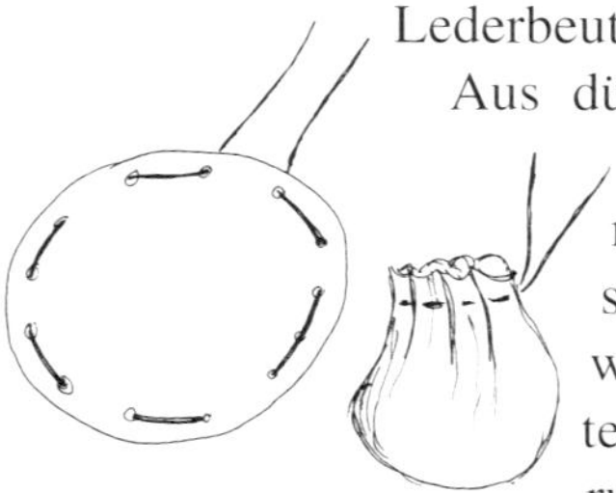

Aus dünnem, weichem Leder werden zunächst kreisrunde Stücke ausgeschnitten. Anschließend werden in diese Lederteile mit einer Lochzange rundherum Löcher hineingestanzt, durch die man ein dünnes Lederband zieht – fertig ist der Beutel! Die Kinder können darin ihre kleinen Schätze aufbewahren.

Im Stadtgeschichts- oder Heimatmuseum

In einem Museum für Stadtgeschichte oder in einem Heimatmuseum können die Kinder erspüren, wie die Menschen früher gelebt haben. Sie entdecken viele Dinge, die Sie nicht kennen, weil es sie heute nicht mehr gibt:

- in der Küche den Holzherd oder die Kochstelle am offenen Feuer,
- das Butterfass, in dem man früher die Butter machte,
- viel weniger Besteck, Teller und Kochgeschirr als heute,
- kleine Zimmer mit kärglicher Einrichtung,
- die Kinder von damals hatten nur ganz wenig Spielzeug,
- keine elektrischen Lampen, sondern nur Kerzen oder Öllampen,
- kein fließendes Wasser, sondern nur Wasser in einem Krug neben der Waschschüssel
- u. v. m.

Zurück in der Kindertagesstätte kann die Erzieherin mit der Gruppe die Eindrücke des Museumsbesuchs sammeln und mit den Kindern eine kleine Geschichte erfinden, wie eine Familie früher wohl gelebt hat: Wie haben sich die Menschen damals ohne Auto, Bus oder Zug fortbewegt, wie haben sie sich ohne Radio, Fernsehen oder Telefon informiert? Wie haben sie gekocht, was haben sie gegessen, was haben sie gearbeitet? Wie haben die Menschen damals geschrieben? Sind die Kinder in den Kindergarten oder in die Schule gegangen? Konnte man wie heute einen Arzt holen, wenn ein Kind krank war? …

Leben wie früher

Um deutlich zu machen, wie anders das Leben früher war, bietet es sich auch an, einzelne Aspekte mit den Kindern nachzuspielen, z. B.:

Schreiben mit dem Federkiel

Jedes Kind bekommt einen Federkiel, den es in Tinte oder Wasserfarbe taucht und damit auf ein Blatt Papier malt. Die Größeren können auch schon Buchstaben schreiben. Die Kinder erfahren dabei, wie viel schwieriger das Malen und Schreiben mit dem Federkiel war als mit den Stiften heute. Die Schrift und die Bilder werden krakelig, die Kinder müssen den Kiel oft eintauchen.

Korn zu Mehl mahlen

Die Erzieherin lässt die Kinder zwischen zwei Steinen Getreidekörner zermahlen. Dabei erfahren die Kinder, dass man kräftig drücken und quetschen muss, bis die Körner das feine, weiße Mehl freigeben. Bevor man mit dem Backen beginnen kann, wird das Mahlgut noch durch ein feines Sieb gesiebt. Mit der Handmühle geht das Mahlen schon ein bisschen einfacher, kostet aber trotzdem noch viel Kraft und Ausdauer. Ein kleiner Kuchen oder ein Brot aus dem selbst gemahlenen Mehl schmeckt nach dieser anstrengenden Arbeit einfach lecker!

Wäsche waschen ohne Waschmaschine

Als es noch keine Waschmaschine gab, mussten die Hausfrauen die schmutzige Wäsche in einer Waschschüssel auf dem Waschbrett schrubben. Die Erzieherin lässt die Kinder Puppenwäsche oder Geschirrtücher auf einem solchen Waschbrett rubbeln und dann auf der Wäscheleine aufhängen. Dabei wird das Lied „Zeigt her eure Füßchen, zeigt her eure Schuh“ gesungen:

Zeigt her eure Füßchen, zeigt her eure Schuh

Zeigt her eure Füßchen, zeigt her eure Schuh
und sehet den fleißigen Waschweibern zu.
Sie waschen, sie waschen, sie waschen den ganzen Tag.
Sie wringen, sie wringen, sie wringen den ganzen Tag.
Sie hängen, sie hängen, sie hängen den ganzen Tag.
überliefert

Ähnlich wie in den erwähnten Beispielen kann die Kindergruppe viele Tätigkeiten von früher selbst erfahren, spüren, wie anstrengend das ist, und erleben, wie viel Zeit man für manche Arbeiten brauchte. Kinder arbeiten gerne und freuen sich, wenn ihr Tun ein Ergebnis bringt.

Das Burgfest

Die im Museum gesammelten Anregungen für Arbeiten von früher kann man auch bei einem Kindergartenfest zum Thema „Stadt und Burg im Mittelalter“ realisieren.
Haus, Hof und Garten des Kindergartens werden in verschiedene Burgbereiche unterteilt, in denen unterschiedliche Aktionen stattfinden wie z. B.:

- mittelalterliche Küche,
- Schneidern von Lederbeuteln,
- Herstellen von Pfeil und Bogen,
- Ritterspiele: Reifenstechen, Zielschießen, Hindernislauf, Reifenrollen usw.

Kultur in der Stadt

Theater, Konzerte, Museen und Kunstausstellungen sind ein wichtiger Bestandteil des städtischen Lebens. Dabei gibt es auch für Kinder viele Angebote, die man in der Gruppe gut nutzen kann.

Das Theater

Theater für Kinder braucht nicht immer nur das übliche Puppen- und Kasperletheater sein. Wie wäre es einmal mit dem Besuch einer Kindervorstellung im „großen“ Theater der Stadt? Größere Städte bieten eine bunte Palette an Theateraufführungen für Kinder. Dazu gehören neben dem Kasperle- und Marionettentheater, dem Stabpuppenspiel auch die von Schauspielern in Szene gesetzten Märchen und Geschichten.

Stehpuppenspiel

Eine gute Vorbereitung auf den Theaterbesuch und zugleich eine wunderschöne Alternative zum herkömmlichen Kasperletheater für kleine Kinder ist ein Stehpuppenspiel. Die Spiellandschaft bzw.

Kulisse wird dabei auf einem großen Tisch aufgebaut, alle Spielbereiche sind sichtbar.
Die Puppen – eine überschaubare Anzahl an einfachen Figuren – können alleine stehen. Sie werden vom Spieler bewegt, während er dazu spricht, und dann wieder abgestellt. Der Spieler steht dabei für alle sichtbar hinter dem Tisch und bewegt die Figuren nacheinander bzw. zwei daran gleichzeitig. Wenn möglich, wird das Spiel von einem zweiten Spieler auf einem Instrument (Flöte, Gitarre, Kantele, Leier, Gesang etc.) begleitet. Sprache und Musik wechseln sich während der Aufführung ab. Das Stehpuppenspiel animiert die Kinder, eigene kleine Geschichten zu spielen.
Besonders geeignet als Themen für ein Stehpuppenspiel sind Märchen. Märchen beschreiben immer Entwicklungswege. Die Kinder befinden sich selbst in einem Entwicklungsprozess, sie leben in ständiger Veränderung, der Körper wächst, sie lernen von Tag zu Tag mehr, sie erarbeiten sich ihr Umfeld, lernen und verarbeiten im Spiel. Ein gut ausgewähltes – und zum momentanen Entwicklungsstand passendes – Märchen wollen Kinder immer wieder hören. Sie stellen Fragen dazu, sie wollen immer wieder wissen, wie es weitergeht, sie kennen es schon so genau, dass sie merken, wenn der Erzähler etwas weglässt, und trotzdem wollen sie es weiter hören, bis sie den gerade anstehenden Entwicklungsprozess abgeschlossen haben. Dann sind sie bereit für etwas Neues.

Der Theaterbesuch

Für einen Theaterbesuch muss das Stück sorgfältig ausgewählt werden. Es ist gut, wenn die Kinder Thema und Handlung schon kennen, da der Besuch eines Theaters wegen der fremden Umgebung und der vielen Menschen an sich schon aufregend ist. Viele Kinder haben schon beim Kasperletheater Angst, wenn das Krokodil kommt, weil sie das Geschehen so intensiv miterleben.

Die bildenden Künste

Kinder malen gerne, sie lieben Farben und bunte Bilder, haben viel Fantasie und entdecken auf Bildern Dinge, die wir Erwachsenen nicht sehen. Kunstausstellungen gibt es in jeder Stadt. In kleineren Kommunen stellen meist die Rathäuser Räume für wechselnde Ausstellungen zur Verfügung, in großen Städten gibt es genügend Museen, Galerien und Kunsträume, die ständige oder wechselnde Ausstellungen zu einzelnen Künstlern oder Kunstrichtungen zeigen. All diese Angebote sind ein willkommener Anlass, mit Kindern die bildende Kunst zu erleben.

Vorbereitung eines Ausstellungsbesuchs

In jedem Fall ist es wichtig, dass die Gruppenleiterin die Ausstellung vorher selbst besichtigt und dabei einige wenige Bilder ausgesucht hat, die sie später mit den Kindern betrachtet. Hat die Ausstellung die Form einer Werkschau über einen oder mehrere Künstler, ist es wich-

tig einige Informationen über das Leben des Künstlers zu sammeln: Wo hat er gelebt bzw. wo lebt er? Welche Motive waren oder sind ihm wichtig? Mit welchen Farben hat er gemalt oder malt er? usw. Viele Künstler haben charakteristische Stilmerkmale entwickelt, an denen man ihre Bilder gut erkennen kann.
Am besten ist es, das Poster eines dieser Bilder schon vor dem Ausstellungsbesuch im Kindergarten aufzuhängen und gemeinsam mit der Gruppe zu betrachten.

Die Bildbetrachtung

Kinder erzählen oft schon von sich aus, was sie auf einem Bild sehen. Dabei ist es nicht wichtig, ob sie einen bestimmten Gegenstand erkennen. Kleine Fragen können bei der Bildbetrachtung weiterhelfen:

- Welche Farben siehst du?
- Bewegt sich etwas im Bild?
- Zeigt die Bewegung, die ihr seht.
- Was könnte das sein?
- Wenn ihr euch vorstellt, ihr wärt in dem Bild drin, wo wärt ihr dann? (Man kann die entsprechenden Punkte auf dem Poster des Bildes mit Nadeln markieren, evtl. am nächsten Tag die gleiche Frage noch einmal stellen und schauen, ob es sich noch um den gleichen Punkt handelt.)
- Was gefällt euch an dem Bild am besten?

Haben die Kinder einmal eine Bildbetrachtung gemacht, bei der sie selbst und ihr Gefühl gefragt sind, dann erleben sie auch andere Bilder intensiver.

Aspekte aus dem Bild aufgreifen

Es gibt verschiedene Möglichkeiten, Aspekte eines Bildes aufzugreifen und für die selbstständige künstlerische Arbeit der Kinder zu verwenden:

- Jeder sucht sich eine Farbe aus, die ihm in dem Bild besonders gut gefällt und fängt an, damit ein eigenes Bild zu malen.
- Jeder greift einen Schwung oder eine Linie aus dem Bild auf und entwickelt daraus seine eigene Komposition.
- Der Nachdruck eines Bildes wird zerschnitten, und jeder bekommt ein Stück davon in die Mitte eines Blattes geklebt. Dies dient den Kindern als Ausgangspunkt für die eigenen Bilder.

Material:
Papier, Wachsmalkreiden, Wasserfarben etc.

In der Ausstellung

Man sollte sich bei der Museums- oder Galerieleitung erkundigen, ob man mit den Kindern im Ausstellungsraum malen kann, oder ob dafür ein extra Raum zur Verfügung steht. Alle geplanten Aktionen müssen selbstverständlich mit der Ausstellungsleitung abgesprochen werden, die manchmal auch eigene museumspädagogische Angebote bereithält.
Jedes Kind hat ein Sitzkissen dabei. Papier und Wachsmalkreiden werden je nach Bedarf ausgehändigt. Am besten ist es, man sucht nicht mehr als drei Bilder aus, die man genauer betrachten will und zu denen man den Kindern nach der Betrachtung auch eine Geschichte erzählen kann: Wie ist das Bild entstanden? Wann ist es entstanden? usw.
Es bieten sich verschiedene Möglichkeiten an:

- Die Kinder bekommen fünf Minuten Zeit, um sich das Bild auszusuchen, das ihnen am besten gefällt – dann dürfen sie malen.

Sie versuchen, das Bild oder Teile davon so abzumalen, wie sie es sehen. Wie schon in der Vorbereitung (s. oben) können die Kinder dann auch hier einen bestimmten Aspekt aus dem Bild aufgreifen und daraus ihr eigenes Gemälde entwickeln.

- Eine Rallye durch die Ausstellung: Die Kinder werden zunächst in kleine Gruppen eingeteilt, die einen oder mehrere vorbereitete Bögen mit verschiedenen Bildausschnitten in Schwarz-Weiß enthalten. Die Aufgabe ist es nun, die dazugehörigen Originale zu suchen und die Ausschnitte mit den passenden Wachsmalkreiden auszumalen.

Die Musik

Musik ist besonders wichtig für Kinder: Sie kann beruhigen, aufmuntern, lustig sein, drückt in besonderem Maße Gefühle aus und ist ein in und zwischen allen Kulturen verwendbares Kommunikationsmedium. Kinder werden aber heute schon sehr früh mit Musik aus der Konserve berieselt. Radio, Kassetten, CDs – ständig läuft irgendwo ein Gerät, und alle sind dieser Dauerbeschallung ausgesetzt. Prägend für Kinder ist aber nicht diese ständige Berieselung, sondern ein wirkliches Erleben von Musik.

Musik im Kindergarten

Das Singen ist die erste Begegnung mit der Musik. Tägliches Singen und Wiederholungen der Lieder als Einleitung für bestimmte Aufgaben im Tageslauf geben den Kindern Sicherheit und Rhythmus. Kinder lieben es, wenn sich eine Gruppenleiterin die Zeit nimmt, mit ihnen zu singen oder ein Musikinstrument zu spielen. Schnell lernen sie, das jeweilige Stück auf Instrumenten wie Triangel oder Xylophon zu begleiten. Gerne spielen die Kinder auch auf einer pentatonischen Kantele. Durch leichtes Zupfen der Saiten erklingen selbst gestaltete Melodien und es gibt keine falschen Töne. Mit einer Kantele kann auch ein Stehpuppenspiel, eine Meditation, eine besinnliche Feier, wie z. B. ein Adventsgärtlein, usw. begleitet werden.

Wir sind die Instrumente

überliefert

2. Ich bin eine Posaune
aus einem Gartenschlauch.
Und bläst du in mein Mundstück,
dann kitzelt mir der Bauch.

3. Ich bin eine Trommel
und geb den Rhythmus an.
Und wenn du richtig trommelst,
dann zeig ich was ich kann.

4. Ich bin eine Rassel
mit Sand und Steinen drin.
Und wenn du richtig loslegst,
dann hüpf ich her und hin.

5. Ich bin eine Gitarre
und zupf von früh bis spät.
Und wenn ihr richtig zuhört,
dann wisst ihr, wie es geht.

6. Wir sind die Kastagnetten
aus Nüssen und Papier.
Und wenn wir feste klappern,
dann tanzen alle hier.

7. Wir sind die Instrumente
aus Gummi, Holz und Blech.
Und Kinder, die uns spielen,
sind lustig, laut und frech.

Wir bauen ein Musikinstrument

Einfache Musikinstrumente kann man in der Gruppe selber bauen:

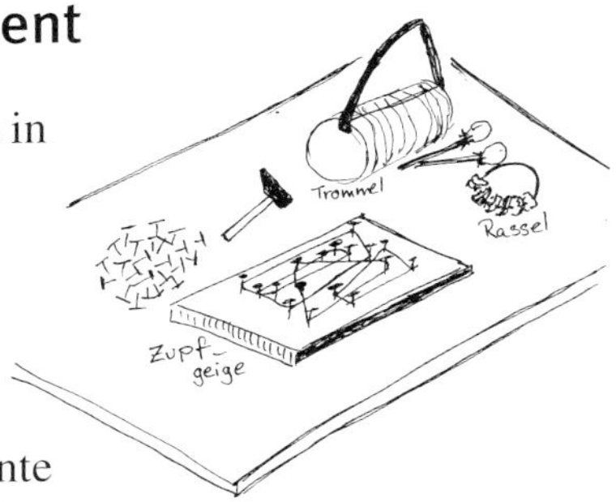

Zupfgeige

Material:
Holzbretter mit mindestens 15mm Stärke, Nägel, Hammer, Gummiringe

Die Kinder schlagen Nägel in das Holzbrett und spannen Gummiringe darüber. Unterschiedlich stark gespannte Gummiringe ergeben dann beim Zupfen verschieden hohe Töne!

Trommel

Material:
Blechdosen mit Deckel, stabile Äste, Wollknäuel, Stoff, Schnur, Schere, Bänder, Nagel, Hammer, Draht

Aus Blechdosen unterschiedlicher Größe kann man ein ganzes Trommelorchester bauen. Die Wände der Dosen bekleben die Kinder mit buntem Papier oder Stoffresten (Boden und Deckel bleiben frei), so hat jeder eine ganz individuelle Trommel. Für stehende Trommeln braucht man nur noch Trommelschlegel.
Will man sich eine Trommel umhängen, dann befestigt man mit dem Draht ein breites Band an der Blechdose. Für die Trommelschlegel wickelt man Wolle ganz fest um jeweils ein Ende von zwei Ästen, darüber wird ein Stück Stoff gelegt, das mit der Schnur festgebunden wird. Der Trommelwirbel kann beginnen!
Die neuen Musikinstrumente werden dann mit Liedern wie z. B. „Ich bin ein Musikant …“ oder „Wir sind die Instrumente“ (siehe S. 93) erprobt.

Der Konzertbesuch

Zur Vorbereitung auf einen Konzertbesuch bietet es sich an, nachzufragen, ob jemand von den Eltern oder Verwandten der Kinder ein

klassisches Instrument spielt: Geige, Flöte (Block- oder Querflöte), Cello, Bass etc. Ist das der Fall, kann die betreffende Person vielleicht das Instrument im Kindergarten musikalisch vorstellen. Die Kinder können dazu Fragen stellen. Besonders schön wäre es, wenn die Kinder das Instrument auch ausprobieren dürften.
Für den Konzertbesuch wählt man am besten ein klassisches, für Kinder passendes, kurzes Konzert aus, wie z.B. die „Kindersinfonie" von Haydn, die „Wassermusik" von Händel oder „Die vier Jahreszeiten" von Vivaldi. Schön ist es, wenn das Konzert von einem kleinen Jugendorchester gespielt wird und in einem überschaubaren Rahmen stattfindet. Denn je besser die Kinder die Musiker beobachten können, desto konzentrierter sind sie bei der Sache. Die Musik beeindruckt ganz anders, wenn sie „live" erlebt wird. Der Ausdruck der Musiker, ihre Konzentration und die Klarheit der Darbietung übertragen sich dann auch schneller auf das „kleine" Publikum.
Zur Nachbereitung wird in der Gruppe besprochen, was die Kinder beim Konzert erlebt haben. Abschließend kann sich die Gruppe die Musik noch einmal gemeinsam auf CD anhören und dazu malen.

Quellenverzeichnis

S. 15: Wir bauen mit den Händen, Hedwig Diestel, © Verlag Freies Geistesleben, Stuttgart

S. 16: Ein neues Haus, Hedwig Diestel, © Verlag Freies Geistesleben, Stuttgart

S. 25: Mein Ball, Josef Guggenmoos, © Beltz & Gelberg in der Verlagsgruppe Beltz, Weinheim & Basel

S. 53: Wenn wir fahren, Werner Halle, © Westermann Verlag, Braunschweig

S. 56: In der Stadt, Doris Mühringer, © Haupt Verlag, Bern

S. 57: Die Straßenbahn, Hermann Multhaupt, © Haupt Verlag, Bern

S. 61f.: Auf dem Spielplatz, Stephen Janetzko, © Stephen Janetzko

S. 74f.: Polizei und Feuerwehr, Stephen Janetzko, © Stephen Janetzko

Mit Kindern durchs Jahr

von Ursula, Monika und Petra Bezdek

108 Seiten, Illustrationen und Fotos, kartoniert, ISBN 978-3-7698-1339-5

108 Seiten, Illustrationen und Fotos, kartoniert, ISBN 978-3-7698-1340-1

108 Seiten, Illustrationen und Fotos, kartoniert, ISBN 978-3-7698-1314-2

100 Seiten, Illustrationen und Fotos, kartoniert, ISBN 978-3-7698-1315-9

Ganzheitliche Naturerfahrung

Monika und Petra Bezdek

Spielraum Wasser

Praxisideen und Spiele für Kindergruppen

Spiele, Experimente und Kreatives rund um das Element Wasser. Ob ein Tümpel in der Nähe, ein Bach, ein See oder gar das Meer – die vorgestellten Angebote nutzen die Vielfalt des Spielraums Wasser.

120 Seiten, Illustrationen, Noten, Fotos, kartoniert, ISBN 978-3-7698-1513-9

Monika, Petra und Ursula Bezdek

Spielraum Wald

Praxisideen und Spiele für Kindergruppen

Der Wald bietet jede Menge Entdeckungen. Waldprojekt-Tage gehören immer mehr zum festen Bestandteil der Kita. In diesem Band der erfolgreichen Reihe „Lebendige Kita" finden sich leicht umsetzbare Ideen ohne viel Material. Denn: Im Wald findet sich das Spielzeug von ganz allein!

114 Seiten, Illustrationen, Noten, Fotos, kartoniert, ISBN 978-3-7698-1442-2

Veröffentlichungen und Angebote des Eltern-Kind-Programms e.V.

Der Eltern-Kind-Programm e.V. führt seit vielen Jahren Familienseminare, Workshops und Eltern-Kind-Gruppen durch.

Die Themen sind:
Naturerfahrung, Bewegung, die Jahreszeiten, die Feste im Jahreskreis, die Elemente, verschiedene Naturbaustellen. Spiele, Lieder, Reime, Werkaktionen und andere wichtige Anregungen wurden in Arbeitsheften gesammelt, die unter folgenden Titeln erschienen sind:

- Dem Frühling auf der Spur
- Sommerspaß
- Den Herbst erleben
- Winterfreuden
- Unsere Lieder
- bewegen erleben
- Naturspielräume
- Erfahrungen mit Wasser – schwimmen lernen leicht gemacht
- Glaubensbildung in Eltern-Kind-Gruppen
- Eltern-Kind-Gruppen im Erlebnisraum Wald
- Nordseeinsel Spiekeroog

Die Arbeitshefte und Informationen über die Seminarangebote sind zu beziehen bei:

Eltern-Kind-Programm e.V.
Mitterweg 34
82131 Stockdorf

Tel.: 0 89/8 57 11 12
Fax.: 0 89/8 56 14 33